STEFAN SARRACH

# Die Loge
# auf Schloss Molsdorf
# und die Einführung der Freimaurerei
# 1741 in Thüringen

Berlin 2024

Der Forschungsbeirat der Großen National-Mutterloge »Zu den drei Weltkugeln« (GNML 3WK) zu Berlin wurde im Jahr 2018 gegründet und nach dem Aufklärer, Bildungsreformer, Theologen, Freimaurer und National-Großmeister JOHANN FRIEDRICH ZÖLLNER (1753–1804) benannt.

ZÖLLNER entwarf für die GNML 3WK die Grundverfassung von 1797, erneuerte maßgeblich deren Rituale und verfasste für die meisten freimaurerischen Grade die Instruktionen.

Die noch heute praktizierte einzigartige freimaurerische Lehrart der GNML 3WK geht insbesondere auf sein schöpferisches Wirken als National-Großmeister in den Jahren 1799 bis 1804 zurück.

JOHANN FRIEDRICH ZÖLLNER gilt der GNML 3WK noch immer als einer ihrer größten Wohltäter in Beziehung auf Lehre und Ritual.

STEFAN SARRACH

# Die Loge
# auf Schloss Molsdorf
# und die Einführung der Freimaurerei
# 1741 in Thüringen

Berlin 2024

Herausgegeben vom

Bibliografische Information der Deutschen Nationalbibliothek:
Die Deutsche Nationalbibliothek verzeichnet diese Publikation in der Deutschen
Nationalbibliografie; detaillierte bibliografische Daten im Internet über dnb.dnb.de.



Verlag: BoD • Books on Demand GmbH, In de Tarpen 42, 22848 Norderstedt
Druck: Libri Plureos GmbH, Friedensallee 273, 22763 Hamburg

ISBN: 978-3-7583-5078-8

*Gewidmet der Johannisloge „Ernst zum Compaß" zu Gotha, die am 20. Oktober 2024 nach Jahrzehnten der Dunkelheit endlich das Licht zurückerhielt.*

# Geleitwort

Der Forschungsbeirat „Johann Friedrich Zöllner" der Großen National-Mutterloge „Zu den drei Weltkugeln" (GNML 3WK), gegründet im Januar 2018, ist der Erforschung der eigenen 3WK-Lehrart verpflichtet. Er wurde nach dem Aufklärer und Freimaurer J. F. Zöllner (1753-1804) benannt, der die Grundverfassung von 1797, die Instruktionen für die drei Johannisgrade, sowie die Rituale und Instruktionen für den IV. und V. Grad verfasste — somit prägte er unsere Großloge entscheidend. Um dieser Aufgabe gerecht zu werden, muss Grundlagenforschung sowie die der freimaurerischen Praxis dienende angewandte Forschung auf wissenschaftlicher Basis betrieben werden.

Warum erscheint gerade diese Festschrift im Rahmen der Publikationen des Forschungsbeirats? — Festschriften haben ja den Zweck, denjenigen zu ehren, für den sie gedacht und dem sie gewidmet sind.
Aber ein oberflächlicher Blick in die Festschrift offenbart die Sorgfalt und die Akribie, mit welcher der Verfasser, Stefan Sarrach, das Material (zu großen Teilen aus unveröffentlichten Archivakten) zusammengestellt und für den Leser erläutert hat. In diesem Sinne erweist er der Königlichen Kunst eine Ehre, aber auch der Wissenschaft. Die Anfänge der Freimaurerei in Thüringen werden dem Leser dargestellt. Dabei gelingt dem Verfasser ein Kunststück: Das Ergebnis liest sich wie ein spannender Detektivroman, ohne dabei auf Wissenschaftlichkeit verzichten zu müssen!

Die vorliegende wissenschaftliche Festschrift ist somit ein Gewinn für den Forschungsbeirat, aber auch eine schöne „Mitgift" für die neugegründete Loge „Ernst zum Compaß" im Orient zu Gotha.

Pantelis Carelos
für den Forschungsbeirat „Johann Friedrich Zöllner"

# Inhaltsverzeichnis

# Einführung

Die Anfänge der Freimaurerei in Thüringen lassen sich nach den Akten der Großen National-Mutterloge „Zu den drei Weltkugeln" zu Berlin bis auf das Jahr 1741 zurückführen.

In seinem Schloss Molsdorf leitete Gustav Adolf Reichsgraf von Gotter im September 1741 nacheinander an drei Tagen mehrere Logensitzungen. Diese Sitzungen wurden von der damaligen Loge *Aux Trois Globes* (*Zu den drei Weltkugeln*) in Berlin, der heutigen Großloge *Zu den drei Weltkugeln*, durch eine Abordnung Berliner Freimaurer organisiert. Die Gründung der Loge *Aux Trois Globes* wurde 1740 von König Friedrich II. von Preußen veranlasst, der selbst seit 1738 Freimaurer war. Auch Graf Gotter gehörte dieser Loge an und war ihr Meister vom Stuhl gewesen.

Hauptsächlicher Grund der Versammlungen in Molsdorf war die Aufnahme des Herzogs Karl Friedrich von Sachsen-Meiningen zum Freimaurer. Im Dezember 1741 stiftete er an seinem Hofe die Loge *Aux Trois Boussoles* (*Zu den drei Kompassen*) in Meiningen.

Es gibt aufgrund neuerer Forschung eindeutige Hinweise, dass 1741 in Gotha ebenfalls eine Loge bestand oder zumindest freimaurerisch gearbeitet wurde. Es werden im Protokollbuch der Loge *Aux Trois Globes* Briefe an eine Loge in Gotha erwähnt. Leider ist kein Name der Loge überliefert.

Doch nach den Protokollen der Logensitzungen in Molsdorf steht fest, dass es 1741 mindestens neun Freimaurer am Hofe des Herzogs von Sachsen-Gotha-Altenburg gegeben hat.

Weitere drei Freimaurer aus Meiningen wurden zusätzlich in Molsdorf mit dem Herzog Karl Friedrich aufgenommen. Mit Hilfe des Bruders Charles Sarry aus Berlin, der schon in Molsdorf anwesend war, bildeten diese Freimaurer die Loge *Aux Trois Boussoles* in Meiningen, ohne das Freimaurer aus Gotha mitwirkten.

Die bisherigen historischen Darstellungen der Ereignisse in Molsdorf konzentrierten sich auf die Aufnahme des Herzogs von Sachsen-Meiningen durch den Grafen Gotter und berücksichtigten längst nicht alle erhaltenen Primärquellen im Aktenbestand der Großen National-Mutterloge „Zu den drei Weltkugeln".

Aus Anlass der Ausstellung „Freimaurer und Mysterien Ägyptens in Gotha" der Stiftung Schloss Friedenstein Gotha 2023 wurde der aktuelle Forschungsstand zu der Loge in Molsdorf aufbereitet und im Ausstellungskatalog veröffentlicht. Dieser Sonderdruck ist eine leicht überarbeitete Fassung dieses Aufsatzes aus Anlass der Reaktivierung der Loge *Ernst zum Compaß* in Gotha im Oktober 2024, ergänzt um weitere Abbildungen aus den historischen Molsdorf-Akten.

Ich danke dem Direktor der Stiftung Schloss Friedenstein, Herrn Dr. Tobias Pfeifer-Helke, und der Kuratorin der Ausstellung, Frau Uta Wallenstein, diesen Forschungsansatz angeregt zu haben. Mein Dank gilt auch Herrn Prof. Dr. Kai Uwe Schierz, Direktor der Kunstmuseen Erfurt, und Herrn Jens Brautschek von den Meininger Museen für die Unterstützung mit Abbildungen von Graf Gotter und Herzog Karl Friedrich. Auch Frau Kornelia Lange vom Geheimen Staatsarchiv Preußischer Kulturbesitz in Berlin-Dahlem hat stets die Forschungen im Aktenbestand der Großen National-Mutterloge „Zu den drei Weltkugeln" tatkräftig unterstützt. Ein besonderer Dank gilt Herrn Prof. Dr. Pantelis Carelos vom Forschungsbeirat „Johann Friedrich Zöllner" für seinen unermüdlichen Beistand.

Stefan Sarrach

# II. Molsdorf anno 1741 —
# Wie die Freimaurerei von Berlin
# nach Thüringen kam

# „Êtes-vous Maçon?"[1],

sprach Graf Gustav Adolf von Gotter (1692–1762)[2] würdevoll auf Französisch zu Charles Jaques Louis Sarry (1716–1766)[3]. Mit dieser Frage, in der Übersetzung: „Seid Ihr ein Maurer?", begann Graf Gotter am 14. September 1741 auf seinem Schloss zu Molsdorf bei Gotha[4] eine Loge, also eine rituelle Arbeit von Freimaurern, zu halten und zu eröffnen. Es war das erste Mal, dass sich eine Freimaurerloge in Thüringen zu einer ihren geheimen Versammlungen traf.

***Abb. 1***: *Ansicht von Schloss Molsdorf in der Gegenwart*
*(Foto: Stefan Sarrach, 2023)*

Um seinen Hals trug Gotter ein messingfarbenes Winkelmaß-Abzeichen an einem blauen Band und in der Hand führte er einen Hammer. Beides waren Zeichen seines Amtes, denn er saß als sogenannter Meister vom Stuhl dieser Logenversammlung vor.

Manière, d'ouvrir la Loge.

| Demandes du Maître. | Réponses du Surveillant. |
|---|---|
| 1. Êtes-vous Maçon ? | 1. Les Frères & Compagnons me reconnoissent pour tel. |
| 2. Quel est le premier soin d'un Maçon ? | 2. De voir, que la Loge soit couverte avant de parler. |
| 3. Faites votre devoir. | 3. /Le Surveillant envoye son Cadet voir /si la Loge est fermée. |
| 4. Où se tenoit votre Maître, lorsque vous /fûtes fait Maçon ? | 4. à l'Orient. |
| 5. Pourquoy ? | 5. à l'exemple du Soleil, qui se live à l'orient, /le Maître se tient à l'orient, pour ouvrir la /Loge & mettre les ouvriers à l'oeuvre. |

Reception
d'Apprentifs & Compagnons.

Le Très-Vénérable Maître commence par ouvrir la Loge de la manière usitée dans
notre Société. Après quoi il ordonne à un des Membres d. faire un petit
Discours pathétique au Candidat. Cela étant fait, le Membre rentre dans
la Loge d. la manière usitée, & fait rapport au Très-Vénérable; & si le Candidat
persiste à vouloir être reçu, le Maître ordonne à un autre Membre d. le déshabiller,
Cela étant fait, le Membre s'approche, avec le Candidat, d. la porte, & frappe.

le Maître.
Second Surveillant ! Voyez qui est là.
le Second Surveillant.
Il va à la porte, qu'il entre ouvrir, & demande : Qui est là ?

**Abb. 2**: Loge Ernst zum Compass in Gotha: Auszug aus dem Lehrlingsritual, Molsdorf 1741
(GStAPK, FM Gotha 5.2. G 39, Nr. 98)

Alle fünf Anwesende waren über ihren Gewändern mit dem typischen Schurz der Freimaurer, einem Schurzfell aus Leder oder Stoff ähnlich dem Werkschurz der Steinmetzen, bekleidet und jeder Bruder hatte als Logenbeamter[5] seine eigene besondere Aufgabe im durchzuführenden Ritual: Charles Sarry und Friedrich Wilhelm von Eickstädt[-Peterswald] (1703–1772)[6] führten als 1. beziehungsweise 2. Aufseher – wie der Meister – ebenfalls einen Hammer. Karl David Kircheisen (1704–1770)[7] protokollierte als Sekretär die Logenarbeit, während der dienende Bruder Jérémie Millenet[8] an der Tür wachte und für die ‚Deckung‘ der Logenarbeit sorgte. Darunter verstand man den Schutz vor unbefugten Blicken oder Zuhörern.

Als Freimaurer gehörten alle an diesem Abend erwähnten Teilnehmer der Loge *Aux Trois Globes* (*Zu den drei Weltkugeln*) in Berlin an und waren als deren Abordnung (Deputation) von Preußen ins Gothaische Herzogtum gereist.[9] Schon aus dem ursprünglichen Namen dieser Berliner Loge ist zu ersehen, dass Französisch zu dieser Zeit als Hofsprache auch von den Freimaurern in Berlin in den Ritualen, aber auch für Protokolle und in der Korrespondenz verwendet wurde.

Nachdem Gotter als vorsitzender Meister[10] mit dem 1. Aufseher Sarry alle fünf Fragen und Antworten des geheimen Katechismus der Freimaurer-Lehrlinge[11] gewechselt hatte, gab er mit seinem Meister-Hammer drei Schläge auf den vor ihm stehenden Tisch und deklarierte, dass die Loge nun geöffnet sei und die Arbeit ihren Anfang nehmen solle. Unter ‚maurerischer Arbeit‘ war an diesem Donnerstagabend die Beförderung des Bruders Johann Wilhelm Freiherr Bachoff[en] von Echt (1693–1758)[12] zum Freimaurer-Meister[13] und die Aufnahme des gothaischen Konsistorialrats Heinrich Ludwig von Avemann (1696–1761)[14] zum Freimaurer in den Graden des Lehrlings[15] und zugleich des Gesellen[16] zu verstehen. Diese symbolischen Hammerschläge Gotters am 14. September 1741 auf Schloss Molsdorf waren die nachweislich ersten dokumentierten Hammerschläge in einer Freimaurerversammlung im heutigen Thüringen.[17]

6

Andere Darstellungen, wie beispielsweise von einer frühen Freimaurerloge *Erneste* 1740 in Hildburghausen[18], bleiben Behauptung ohne geführten Nachweis.[19] Auch Jena kann mit der Freimaurerloge *Aux Trois Roses* (*Zu den drei Rosen*) nicht als älteste freimaurerische Arbeitsstätte Thüringens gelten[20], weil diese Loge nicht vor dem 24. Juli 1744 entstanden ist.[21] Und die Freimaurerloge *Archimedes zu den drei Reißbrettern* in Altenburg wurde später, nämlich am 31. Januar 1742 gestiftet.[22]

Somit ging die Einführung der Freimaurerei in Thüringen von der heute als Große National-Mutterloge *Zu den drei Weltkugeln* in Berlin bestehenden Loge *Aux Trois Globes* aus, nahm in Schloss Molsdorf im September 1741 ihren Anfang und führte noch im Dezember desselben Jahres zur Errichtung ihrer ersten Tochterloge *Aux Trois Boussoles* (*Zu den drei Kompassen*) in Meiningen.[23]

Die älteste deutsche Großloge *Zu den drei Weltkugeln* wurde am 13. September 1740 auf Anregung des Königs Friedrich II. von Preußen (1712–1786) und mit seiner Genehmigung zunächst als Freimaurerloge in Berlin errichtet.[24] Der junge König, der am 31. Mai 1740 den Thron bestiegen hatte, war seit dem 14./15. August 1738 selbst Freimaurer[25] und hielt in den Schlössern Rheinsberg beziehungsweise später Charlottenburg mit seinen vertrautesten Freunden Logenversammlungen ab.[26] Nach Hamburg (1737)[27] und Dresden (1738)[28] war Berlin 1740 erst der dritte Ort einer Logengründung in Deutschland. Die Entwicklung der noch jungen modernen Freimaurerei begann in den deutschen Landen da-

*Abb. 3: Loge Aux Trois Globes: Ältestes Siegel (GStAPK, Sign. VII HA Nr. 660)*

mals gerade erst. Der Ausgangspunkt war am 24. Juni 1717 in London gesetzt worden, als vier Logen an diesem Johannistag die *Große Loge von London und Westminster* begründeten und an die Stelle der früheren Werkmaurerei der mittelalterlichen Steinmetzbauhütten die sogenannte spekulative Maurerei gesetzt wurde.[29] Symbolik und Tradition der alten Bauhütten wurden beibehalten, die Arbeit der Freimaurerbruderschaft galt aber fortan dem Menschen selbst, der sich sittlich veredeln sollte. Die Freimaurerei atmet seitdem den Geist der Aufklärung, deren Kind sie war und deren Schrittmacher sie wurde.

In Berlin war dieser Geist der Aufklärung besonders mit der Person des jungen Königs Friedrich II. von Preußen verbunden, der sich im Juli 1740 nach seiner Thronbesteigung öffentlich als Freimaurer bekannte und die Freimaurerei in den Preußischen Staaten unter seinen Schutz stellte.[30] Durch Stiftung eigener Tochterlogen wie in Meiningen wurde die Loge *Aux Trois Globes* dann Mutter- bzw. Großloge für diese Neugründungen und besteht noch heute als Große National-Mutterloge *Zu den drei Weltkugeln* fort.[31]

Die hier interessierende Verbindung von Berlin nach Molsdorf in Thüringen kam durch die Person des Grafen Gotter zustande. Gotter war bürgerlicher Abkunft[32] und stammte aus Gotha, wo er am 26. März 1692 geboren wurde. Von 1728 bis 1736 stand er zuletzt in preußischen Diensten, bevor er sich auf sein Rittergut Molsdorf bei Gotha ins Privatleben zurückzog. Graf Gotter hatte die Gunst des jungen Königs Friedrich erworben, der ihn 1740 zu seinem Oberhofmarschall und zum Geheimen Staats- und Kriegsrat ernannte, um ihn in seinen Dienst zurückzuholen und für wichtige diplomatische Missionen einzusetzen.[33]
Nach vielen Jahren in verschiedenen höchsten Ämtern im Preußischen Staatsdienst verstarb er am 28. Mai 1762 in Berlin.[34]

Freimaurer wurde Gotter am 23. November 1740 in der Berliner Loge *Aux Trois Globes*, zu deren Meister vom Stuhl er bereits vom 9. Juni 1741 bis 8.

**Abb. 4**: Jakob Samuel Beck nach Antoine Pesne: Bildnis Gustav Adolf Reichsgraf von Gotter
als Jäger, um 1745
(Angermuseum Erfurt, Inv.-Nr. XI 181)

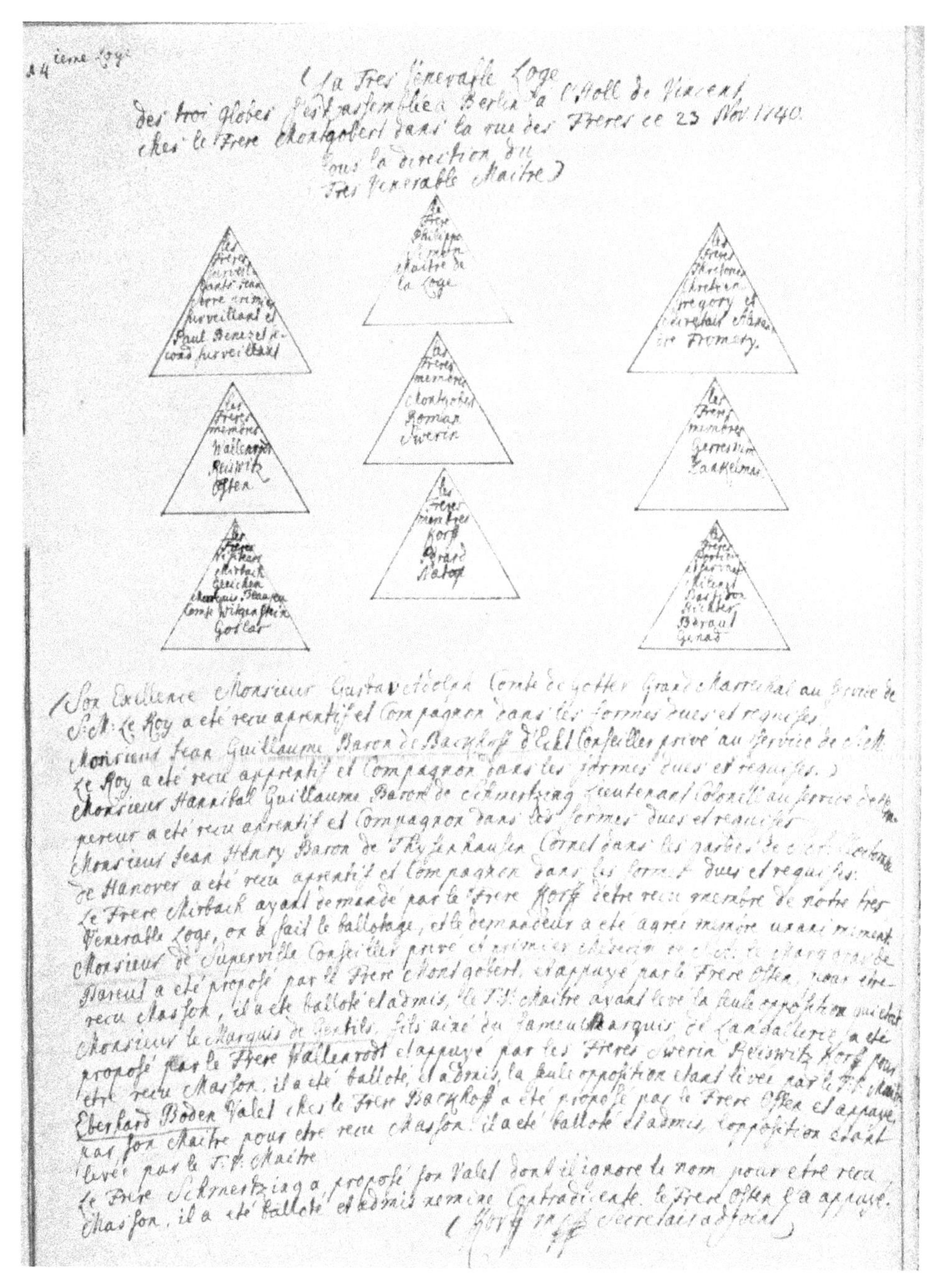

***Abb. 5**: Loge Aux Trois Globes in Berlin: Protokoll der 14. Loge vom 23. November 1740 mit Aufnahme u. a. des Grafen von Gotter und des Freiherrn Bachoff von Echt (GstAPK, FM GNML 3WK 5.1.4., Nr. 8057)*

September 1741 und erneut vom 14. Dezember 1741 bis 13. März 1742 für jeweils ein Vierteljahr gewählt wurde.[35] Graf Gotter war es, der seinen Brüdern *Zu den drei Weltkugeln* in einem Brief vorschlug, den Herzog Karl Friedrich von Sachsen-Meiningen[36] (1712–1743) in den Freimaurerbund aufzunehmen. Dieser Wunsch des Herzogs war Gotter durch einen Mittelsmann, einen Herrn von Schwarzwald, übermittelt worden und fand in Berlin in der von Gotter geleiteten Logenversammlung am 7. September 1741 Zustimmung.[37]

Schloss Molsdorf stand dabei nicht von Beginn an als Ort der Aufnahme fest. Gotter empfahl dem Herzog von Sachsen-Meiningen vielmehr Siebleben (vermutlich Schloss Mönchhof) oder Günthersleben (das heute nicht mehr vorhandene Wasserschloss) in den Gothaischen Landen, wohin sich der Herzog „leicht und ohne Aufsehen durch das hintere Schloßthor begeben" könnte.[38] Im Ergebnis fand sich die Berliner Abordnung im September 1741 doch bei Gotter auf dessen Schloss ein, wo die Aufnahme des Herzogs von Sachsen-Meiningen tatsächlich vollzogen wurde, denn Logensekretär Kircheisen übersandte diesem am 22. Oktober 1741 die „Protocolle tenus a Molsdorf".[39]

Von den Mitgliedern der Berliner Logen-Abordnung in Molsdorf verdient es neben Graf Gotter vor allem Charles Sarry ausführlicher vorgestellt zu werden. Sarry war im Dezember 1737 die zentrale Figur bei der Einführung der Freimaurerei in Deutschland. Pathetisch wird er auch der „Vater der deutschen Freimaurerei" genannt.[40] Ein Porträt hat sich leider nicht überliefert. Auch sein biografischer Hintergrund war lange in der Freimaurerforschung ungewiss. In den eigenen Geschichtswerken der Großen National-Mutterloge *Zu den drei Weltkugeln* hieß es über Sarry lediglich, dass von seinen persönlichen Verhältnissen nur bekannt sei, dass er 1741 den Titel eines holländischen Leutnants geführt habe.[41] Sein bedeutendster Beitrag war die Stiftung der ersten deutschen Freimaurerloge, der *Loge d'Hambourg*, am 6. Dezember 1737 in Hamburg.[42] Im Protokollbuch dieser ältes-

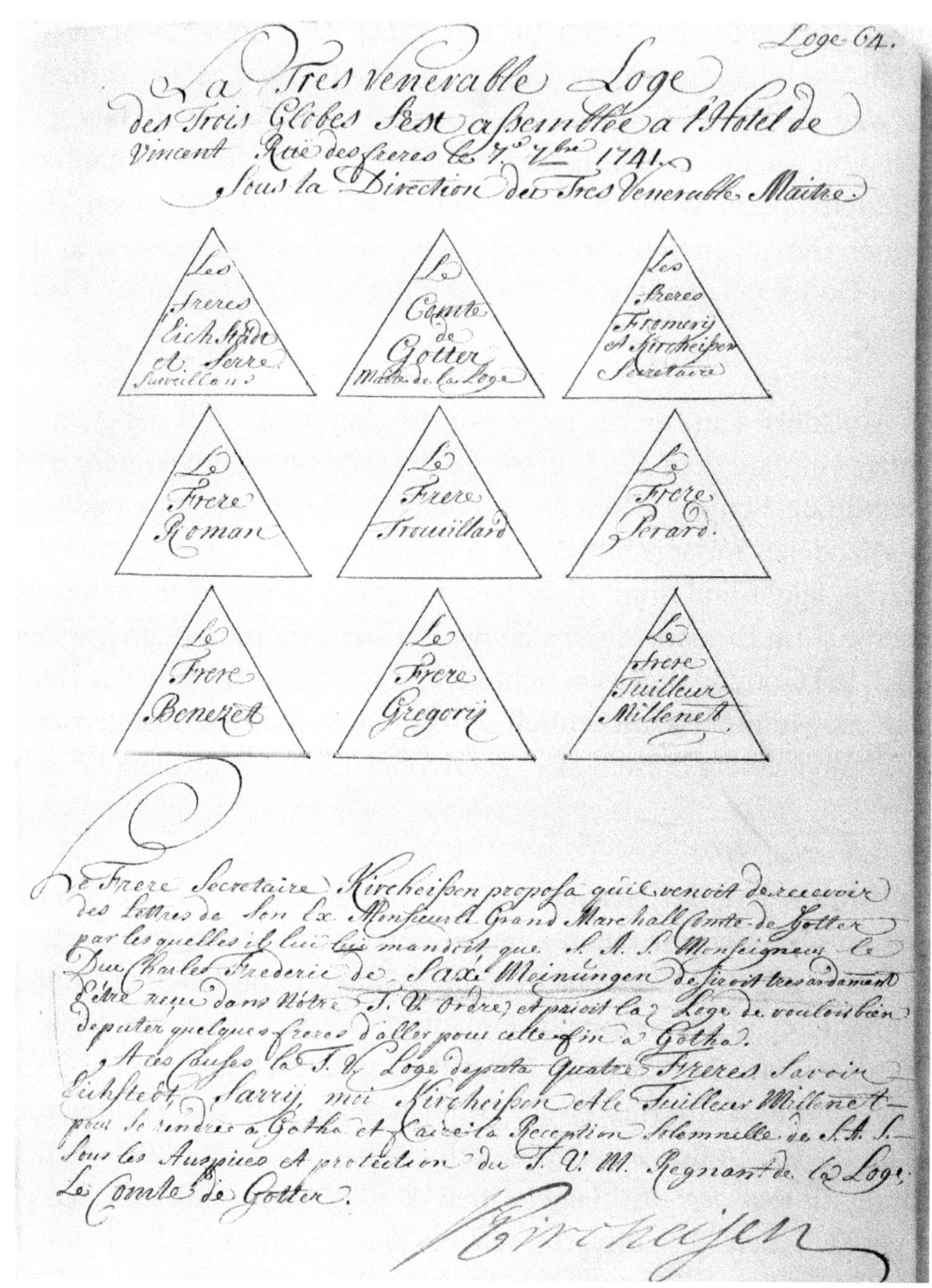

**Abb. 6**: Loge Aux Trois Globes in Berlin: Protokoll der 64. Loge vom 7. September 1741 wegen der mit Aufnahme des Herzogs Karl Friedrich von Sachsen-Meiningen (GstAPK, FM GNML 3WK 5.1.4., Nr. 8057)

ten deutschen Freimaurerloge wird Sarry der „Deputé Grand Maitre de Prusse et de Brandenbourg" genannt[43], ohne dass jemals aufgeklärt werden konnte, wer ihn wann mit der Würde eines „Deputierten Großmeisters für Preußen und Brandenburg" ausgestattet haben soll. In seinem Heimatland Preußen trat er seit seiner Rückkehr im Juni 1741 nie als „Deputierter Großmeister" in Erscheinung, wenngleich er ab 1742 als dreimal in Folge gewählter Meister vom Stuhl der Loge *Aux Trois Globes*[44] auch in Berlin als „in allen Angelegenheiten der Maurerei so erfahren" galt[45] und selbst noch 1750 in einem Brief des Sekretärs der *Aux Trois Globes* wegen seiner fortbestehenden Mitgliedschaft in der Großen Loge in England als „sehr verehrungswürdiger Maçon" erwähnt wird.[46]

Belegt sind hingegen die Geburt von Charles Sarry am 29. November 1716[47] in Berlin als Sohn des Kaufmanns Jacques Daniel Sarry, eines Hugenotten, der aus Châlons-en-Champagne in Frankreich[48] stammte und in Preußen Zuflucht vor religiöser Verfolgung fand. Im Herbst 1737 hielt sich Sarry vermutlich aufgrund der Heirat seiner Schwester Susanne Jeanne mit dem Hamburger Kaufmann Isaac Deshons[49] in der Hansestadt auf. Deshons, ein Hugenotte, dessen Vater aus Saint-Hyppolite im Elsass stammte, besaß wiederum verwandtschaftliche und Geschäftskontakte nach London. Eine private Verbindung Sarrys bestand zudem nach Holland, denn dort heiratete er Judith Schreur van Hoghenstein[50], was seine im Logenprotokoll erwähnte Abreise vom Hamburg im Frühjahr 1738 in die Generalstaaten und seine Bezeichnung als „holländischer Leutnant" erklären würde. Seine Freimaureraufnahme soll in London erfolgt sein.[51] Gestorben ist Charles Sarry am 26. Oktober 1766[52] in Berlin als Hofrat und Buchhalter (Teneur de Livres) der königlich-preußischen Münze.

Doch zurück zu den Ereignissen in Molsdorf. Der eigentliche Zweck der Berliner Abordnung war mit dieser ersten Versammlung am 14. September 1741 erkennbar nicht erreicht worden, denn der Herzog Karl Friedrich von Sachsen-Meiningen war noch immer kein Freimaurer. Gotter und Sarry hatten offensichtlich von vornherein einen längeren Aufenthalt mit mehreren freimaurerischen Arbeiten im Schloss geplant. Die am 14. September zuerst gehaltene Loge war nur der Auftakt für ein freimaurerisches Wochenende mit vermutlich begleitenden Vergnügungen und Festessen.

Für den Ablauf der gesamten Geschehnisse kann auf die drei ausführlichen Protokolle des Sekretärs Kircheisen für die Logen am 14., 15. und 16. September 1741 zurückgegriffen werden.[53] Diese sind auf Französisch verfasst worden, doch unter Verzicht auf die zusätzliche Mitteilung der Transkription wird deren deutsche Übersetzung erstmals im vollen Wortlaut veröffentlicht.[54]

Was über den ersten Logenabend am Donnerstag, dem 14. September 1741, bereits andeutungsweise berichtet wurde, liest sich im Protokoll vollständig wie folgt, wobei die Schreibweise der Eigennamen beibehalten wurde:

„Die sehr Ehrwürdige Loge[55] versammelt in Molsdorff im Schloss Seiner Exzellenz Herrn Großmarschall Seiner Majestät des Königs von Preußen, Graf von Gotter, 14. September 1741, unter der Leitung des sehr Ehrwürdigen Meisters[56].

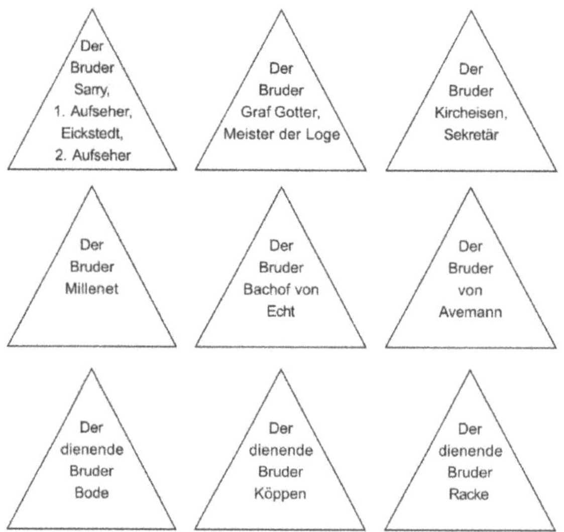

Der sehr Ehrwürdige Meister der sehr gerechten und vollkommenen Loge[57] zu den drei Weltkugeln in Berlin, Seine Exzellenz Graf und Bruder von Gotter, Großmarschall und Staatsminister des Königs, hatte mit Schreiben vom 28. August der besagten Loge mitgeteilt, dass Seine Durchlauchtige Hoheit Prinz Karl Friedrich, regierender Herzog von Sachsen-Meiningen, in den Sehr Ehrwürdigen Orden[58] der Freimaurerei eintreten wolle und bat zu diesem Zweck um eine Deputation einiger Brüder, um bei seiner Aufnahme anwesend zu sein.

Der sehr ehrwürdige deputierte Meister vom Stuhl und alle ehrwürdigen Mitglieder der Loge in Berlin haben diesen Antrag in einer regelmäßig am 7. September diesen Jahres in Berlin versammelten Loge erwogen, und da sie glaubten, dass es ihre Pflicht sei, diese sehnlichen und ehrenvollen Wünsche zu befriedigen, stellten sie vier Brüder ab, nämlich den Bruder von Eickstedt, Kammerherr des Königs, den Bruder Kircheisen, Kriegsrat des Königs, den Bruder Sarry, Leutnant im Dienst der Generalstaaten und den Bruder Millenet, Türhüter, um hierher nach Molsdorff zu kommen, eine Loge zu öffnen und zu halten und die Aufnahmen Seiner Durchlaucht und einiger anderen Kavaliere vorzunehmen.

Wir, die oben genannten Brüder der Freien und anerkannten Maurer, wurden am 14. September 1741 zum ersten Mal hier in Molsdorff versammelt, und nachdem der Sehr Ehrwürdige regierende Meister vom Stuhl die Loge eröffnet hatte, unterbreitete er den Brüdern, dass der Bruder Baron Bachof von Echt darum bat, Meister zu werden, und Herr Heinrich Ludwig von Avemann, Konsistorialrat Seiner Durchlauchtigen Hoheit des Herzogs von Sachsen-Gotha, als Maurer aufgenommen werden wolle.

Da erst in Berlin in unserer Loge als Maurer aufgenommen, wurde über seine Zeit, die Würde eines Meisters anstreben zu können und seinen Eifer und die Ausführung der königlichen Kunst, die den Brüdern bekannt waren, ballotiert[59] und er ebenso wie der andere Rezipient einstimmig zugelassen.

Die jeweilige Aufnahme zum Meister und zum Lehrling und Gesell, erfolgte anschließend in zwei verschiedenen Versammlungen[60] und in allen geschuldeten und erforderlichen Formen und Feierlichkeiten[61].

Der Sehr Ehrwürdige Meister stellte dann die Brüder Arbeiter an die Arbeit[62], und nachdem er die Arbeit der Lehrlinge von Anfang bis Ende begonnen und abgeschlossen[63] hatte, entließ er die Brüder in Frieden und schloss die Loge für dieses Mal.

Kircheisen"[64]

Der zweite Logenabend folgte sogleich am Freitag, dem 15. September 1741. Nach dem Protokoll kam es in dieser Arbeit zu der Freimaurer-Aufnahme des Herzogs von Sachsen-Meiningen, aber auch von weiteren Kandidaten aus seinem Umfeld beziehungsweise dem des herzoglich-gothaischen Hofes. Es dürfte lohnenswert sein, die künftige Forschung auf diese Personen auszudehnen. So war der Bruder Friedrich Wilhelm von Nepita aus Gotha neu hinzugetreten.

Im Protokoll wird zu dieser Arbeit ausgeführt:

„Die sehr Ehrwürdige Loge versammelt in Molsdorff im Schloss Seiner Exzellenz des Herrn Grafen von Gotter am 15. September 1741 unter der Leitung des sehr Ehrwürdigen Meisters.

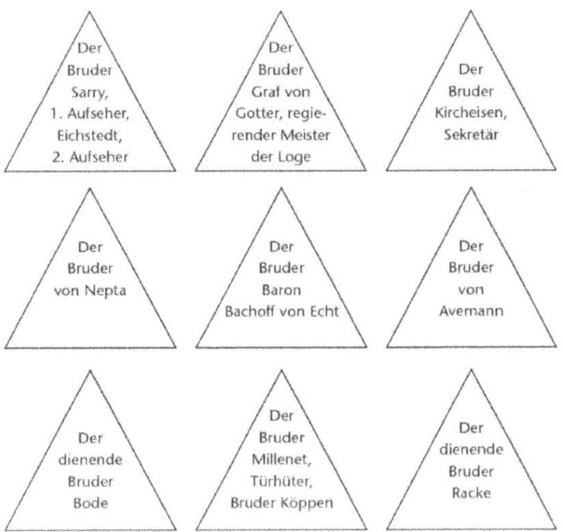



Nach der Ankunft Seiner Durchlauchtigen Hoheit Prinz Karl Friedrich, des regierenden Herzogs von Sachsen-Meiningen, versammelte der Sehr Ehrwürdige Meister der Loge zuerst die oben genannten anwesenden Brüder. Dann öffnete er die Loge und schlug der Sehr Würdigen Versammlung vor, heute die feierliche Aufnahme Seiner Durchlaucht vorzunehmen, wofür er um Entscheidung und Zustimmung der Loge bat.

Nach beendeter Abstimmung wurde Seine Durchlaucht mit allen erforderlichen Formen und mit allen gebührenden Feierlichkeiten zum Lehrling und Gesell aufgenommen.

Der sehr Ehrwürdige Meister schlug dann vor, die folgenden Kandidaten als Maurer aufzunehmen:

-   Herrn Friedrich Ludwig von Mauckenheim [Mauchenheim], genannt Bechtolsheim, Groß-Mundschenk Seiner Durchlauchtigen Hoheit des regierenden Herzogs von Sachsen-Gotha

- Herrn Johann Ernst von Stein, Kammerjunker Seiner Durchlaucht [von Sachsen-Meiningen]
- Herrn Wilhelm von Cachedenier, Rat und Kammerjunker Seiner Durchlaucht [von Sachsen-Gotha]
- Herrn Otto Heinrich von Einsiedel, Kammerjunker [Sachsen-Gotha]
- Herrn Alexander von Witzleben, Kammerjunker [Sachsen-Gotha]
- Herrn Otto Ernst von Seebach, Regierungsassessor und Kammerjunker [Sachsen-Gotha]
- Herrn Ludwig Gotter, Kabinettsrat Seiner Durchlaucht [von Sachsen-Gotha]
- Herrn [Johann Georg] Weber, Schatzmeister [Sachsen-Meiningen], und
- Herrn [Friedrich Siegismund] von Zedlitz, Page Seiner Durchlaucht [von Sachsen-Meiningen].

Nachdem die Sehr Ehrwürdige Loge ihre Zustimmung zur Aufnahme sorgfältig abgewogen und jeden geprüft hatte, wurden sie nacheinander in den strengen und erforderlichen Formen aufgenommen.

Der Sehr Ehrwürdige Meister der Loge hielt dann eine sehr ergreifende Rede[65] über den Ursprung, den Vorrang, den Fortschritt und die Nützlichkeit der Maurerei, von der alle anwesenden Brüder sehr berührt und erbaut waren.

Mit der Arbeit der Lehrlinge wurde fortgefahren und diese von Anfang bis Ende vollendet, auch wenn die Zeit es nicht erlaubte, sie dieses Mal weiter zu vertiefen.

Der Sehr Ehrwürdige Meister ordnete für morgen eine Loge der Meister an und die Versammlung endete um 8 Uhr abends.

Kircheisen"[66]

Am dritten Logenabend am Samstag, dem 16. September 1741, folgte endlich die Beförderung des Herzogs von Sachsen-Meiningen und drei weiterer Gesellen in den Meister-Grad. Der Meister-Grad war für den Herzog die Voraussetzung, in seiner Residenz Meiningen selbst eine Loge errichten zu können. Über diese Meister-Loge wird im Protokoll berichtet:

„Die sehr Ehrwürdige Loge versammelte sich in Molsdorf im Schloss Seiner Exzellenz des Herrn Grafen von Gotter am 16. September 1741 unter der Leitung des Sehr Ehrwürdigen Meisters.

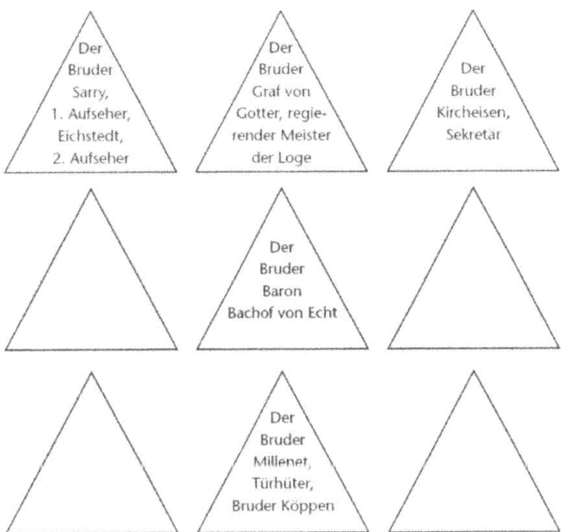


Der Durchlauchtige Bruder, Seine Hoheit der Herzog von Sachsen-Meiningen, hat bezeugt, dass er Seinem Eifer für die königliche Kunst mehr Raum geben würde, und in die Meisterwürde erhoben werden möchte, um in seiner Residenz eine gerechte und vollkommene Loge errichten zu können.

Die sehr Ehrwürdige Loge hat alles in Betracht gezogen und für
dieses Mal beschlossen, Seine Durchlaucht und ebenso Bruder von
Nepta, Bruder von Cachedenier und Bruder von Bechtelsheim
[Bechtolsheim] zum Meister aufzunehmen.

Und ihre jeweilige Aufnahme wurde mit aller geschuldeten und erforderlichen Feierlichkeit gemacht.

Urkundlich dessen habe ich die drei Protokolle unterzeichnet und
das Siegel der Sehr Ehrwürdigen Loge zu den drei Weltkugeln in
Berlin angebracht.

Geschehen zu Molsdorff am 16. September 1741.

Kircheisen
derzeitiger Sekretär der Sehr Ehrwürdigen Loge zu den drei Weltkugeln in Berlin"[67]

Mit diesem dritten Protokoll endet der bemerkenswerte Bericht von den
Molsdorfer Freimaurerversammlungen zwischen dem 14. und 16. September 1741. Eine Loge wurde in Molsdorf dabei nicht begründet. Die Berliner
Freimaurer-Abordnung reiste wieder nach Preußen ab und das freimaurerische Licht wurde nach getaner Arbeit in Molsdorf offiziell gelöscht.[68]

Dass der Herzog Karl Friedrich im Ergebnis seiner Aufnahme in den Bund
der Freimaurer aber noch im selben Jahr am 19. Dezember eine eigene Freimaurerloge *Aux Trois Boussoles* in Meiningen stiftete und ihr Meister vom
Stuhl war, ist durch deren Mitgliederliste belegt.[69] Aus dem Oktober 1741
sind zudem Quittungen über die Beschaffung von Logenzubehör, von
Schurzen sowie von Handschuhen für die Loge überliefert.[70] Diese erste
Tochterloge der Berliner Loge *Aux Trois Globes* hat jedoch nach dem Tod
des Herzogs am 28. März 1743 wieder ihre Tätigkeit eingestellt.[71] Weitere

20

**Abb. 7**: J. C. Sänger: Unbekanntes Mitglied des Hauses Sachsen-Meiningen mit dem „Ordre de la fidelité", vermutlich Karl Friedrich von Sachsen-Meiningen, 1728 (Meininger Museen, Inv.-Nr. VI 506)

Nachricht von dieser Loge fehlt in Berlin.[72] Bemerkenswerterweise wird in den Protokollen der Loge *Aux Trois Globes* nach dem Molsdorf-Ereignis 1741 und 1742 drei Mal auf Gotha Bezug genommen.[73] Dass dies mit einer eigenständigen freimaurerischen Arbeit in Gotha in Verbindung steht, ist wahrscheinlich, auch wenn weitere Nachweise fehlen. Auf Schloss Molsdorf sind mehrere gothaische Freimaurer ‚gemacht' worden. Diese vier Meister, fünf Gesellen und drei dienenden Brüder haben gar nicht erst an der Logenstiftung in Meiningen mitgewirkt, weil sie möglicherweise schon in Gotha ihre eigene Arbeitsstätte eröffnet hatten.

Somit war Molsdorf im Gothaischen Herzogtum der Ausgangspunkt für die Ausbreitung der Freimaurerei in Thüringen und deshalb ein Meilenstein in der Geschichte der deutschen Freimaurerei insgesamt. Dass damals wegen der Loge *Zu den drei Weltkugeln* auch eine enge und bemerkenswerte Verbindung zwischen Thüringen und Preußen bestand, darf nicht in Vergessenheit geraten.

1751, zehn Jahre später, rückte dann die Residenzstadt Gotha selbst in den Fokus bedeutender freimaurerischer Ereignisse, als mit der Schottischen Loge *Aux Quatre Pierres Cubes* (*Zu den vier kubischen Steinen*) die erste Hochgrad-Freimaurerloge in Thüringen unter Prinz Ludwig Ernst von Sachsen-Gotha-Altenburg (1707–1763) in Gotha und Altenburg mit Erlaubnis aus Berlin errichtet wurde.[74] Die Molsdorfer Ereignisse hatten diesen Weg bereitet.

# III. Molsdorf anno 1741 — Anmerkungen

<sup>1</sup> *Die in Molsdorf praktizierten Rituale der Loge Aux Trois Globes sind durch die verwendeten Notizzettel der Teilnehmer fast vollständig überliefert, so dass die wenigen fehlenden Bestandteile durch andere zeitgenössische Handschriften rekonstruiert werden können. Das ist eine Besonderheit. In den Anfängen der Freimaurerei existierten noch keine gedruckten Ritualtexte und man war auf deren mündliche Überlieferung oder auf gedruckte „Verräterschriften" angewiesen. Die Molsdorfer Ritualhandschrift beinhaltet zugleich die ältesten bekannten Ritualtexte der Aux Trois Globes aus deren Anfangszeit. S. zu diesem Eröffnungskatechismus des Lehrlingsgrades GStAPK, FM Gotha 5.2. G 39, Nr. 98, fol. 63.*

<sup>2</sup> *Oberhofmarschall des preußischen Königs, vgl. zu den biografischen Angaben des „Schlossherrn von Molsdorf" Gerlach 2014, S. 226; Lennhoff/Posner/Binder 2000, S. 358.*

<sup>3</sup> *Zu dieser Zeit als Leutnant im Dienst der Generalstaaten bezeichnet, s. Gerlach 2014, S. 258, wenngleich dort nur fragmentarisch und ohne korrekte biografische Daten bearbeitet.*

<sup>4</sup> *Schloss Molsdorf, heute zum Stadtgebiet der thüringischen Landeshauptstadt Erfurt gehörig, befand sich 1741 im Herzogtum Sachsen-Gotha-Altenburg.*

<sup>5</sup> *Den Logenbeamten, im 18. Jh. auch „Officiers der Loge" genannt, waren im Ritual konkrete Aufgaben zugewiesen, und sie trugen ein besonderes Beamtenabzeichen am Band um den Hals. Der 1. Aufseher führte eine symbolische Bleiwaage. Das Senkblei war das Kennzeichen des 2. Aufsehers. Der Sekretär wurde an zwei gekreuzten Federn erkannt. Nur Freimaurer im Meistergrad konnten zu Logenbeamten gewählt werden, wenn sie Mitglied ihrer Loge waren.*

<sup>6</sup> *Auch „Baron von Eichstädt" geschrieben, k. u. k. Kammerherr, aus Pommern stammend, Freimaurer seit dem 16. Februar 1741, s. Gerlach 2014, S. 216.*

<sup>7</sup> *Königlich-preußischer Kriegsrat, zunächst preußischer Gesandtschaftssekretär u. a. unter Graf Gotter in Wien, 1735 Adjunkt des Bürgermeisters in Berlin, 1742 Polizeidirektor in Berlin und 1746 als Stadtpräsident der Chef des Berliner Magistrats bis 1770; Freimaurer seit 30. März 1741, s. ebd., S. 234.*

<sup>8</sup> *Kammerdiener des (Reichs-)Grafen Ludwig Otto Sigismund von Schwerin. Er war Freimaurer (als sogenannter dienender Bruder und Pförtner) seit 21. September 1740, s. Gerlach 2014, S. 423.*

<sup>9</sup> *Gerlach 2014, S. 71, spricht von einer fünfköpfigen hochkarätigen Delegation der Aux Trois Globes, die nach Molsdorf reiste, um das erste Mal das „großmeisterliche Recht der Logenkonstituierung" wahrzunehmen. Das geht in der Bewertung zu weit, da die Abordnung nur im Auftrag der Loge Aux Trois Globes einzelne Aufnahmen zum Freimaurer und Beförderungen zu Meistern „vor Ort" und nicht in Berlin durchführte. Die Stiftung der Freimaurerloge in Meiningen erfolgte erst später durch den in Molsdorf aufgenommenen Herzog Karl Friedrich selbst.*

*10* Im Originalprotokoll der Arbeiten wird er auch „regierender Meister der Loge" genannt.

*11* Im Ritualmanuskript als „Manière d'ouvrir de la Loge", also die „Weise, wie die Loge zu öffnen ist", bezeichnet, s. GStAPK, FM Gotha 5.2. G 39, Nr. 98, fol. 63.

*12* Preußischer Gesandter in Gotha. Seine Aufnahme als Freimaurer erfolgte am 23. November 1740 durch die Loge Aux Trois Globes in Berlin, s. Gerlach 2014, S. 206. Bachoff[en] von Echt war somit nicht nur Teilnehmer der Logenarbeit in Molsdorf, sondern erhielt dort auch selbst den Meistergrad verliehen, vgl. das Protokoll der Molsdorfer Loge in: GStAPK, FM 5.1.4., Nr. 1299. – Interessanterweise gehörten zwei andere Vertreter des weitverzweigten Adelsgeschlechts Bachoff von Echt am 31. Januar 1742 zu den Stiftern der Freimaurerloge in Altenburg: der königlich-preußische Kammerjunker Johann August Bachoff von Echt (1717–1794) und der spätere königlich-dänische Wirkliche Geheime Rat Ludwig Heinrich Bachoff von Echt (1725–1792). Der Ort ihrer Freimaureraufnahme ist unbekannt, aber in Leipzig wurden beide am 14. Oktober 1741 zu Meistern befördert, s. hierzu Dietrich 1901, S. 2f.

*13* 1741 war der Grad des Freimaurer-Meisters (III. Grad) noch die höchste Stufe, die ein Freimaurer rituell in Preußen und den deutschen Landen erreichen konnte. Das freimaurerische Gradsystem orientiert sich an den Ausbildungsschritten des Steinmetzhandwerks Lehrling – Geselle – Meister. Diese Grade werden in der Freimaurerei nach dem Schutzpatron der Steinmetze, Johannes dem Täufer, auch „blaue Grade" oder „Johannisgrade" genannt. – Erst am 30. November 1742 entstand in Berlin bei der Aux Trois Globes mit der Schottischen Loge der Einigkeit (Loge Ecossoise de l'Union de Berlin) in Deutschland ein freimaurerisches Hochgradsystem, in dem oberhalb des Meisters der (IV.) Grad des Schottischen Meisters und ab 1743 zusätzlich der Ritter von St. Andreas verliehen wurde. Vgl. dazu und zur Begrifflichkeit „Schottenmaurerei" Dahms 1906, S. 1ff. – In Thüringen wurden zwischen 1745 und 1750 vereinzelte Aufnahmen von Schottischen Meistern in Erfurt und Jena vollzogen. Als am 29. Oktober 1750 dann Prinz Ludwig Ernst von Sachsen-Gotha-Altenburg (1707–1763) in Altenburg zum Schottischen Meister gemacht wurde, bewilligte ihm die Schottische Loge der Einigkeit in Berlin am 6. Februar 1751 die Gründung einer Schottischen Loge Aux Quatre Pierres Cubes (Zu den vier kubischen Steinen), die vermutlich 1751 auf Schloss Friedenstein in Gotha errichtet wurde. Treibende Kraft war hier der aus Siebenbürgen stammende Martin Gottlob von Seulen (1730–1772), der in Jena studierte und den Prinzen Ludwig Ernst in die Schottenmaurerei einführte, s. hierzu Sarrach 2021, S. 58ff.

*14* Sachsen-gothaischer Konsistorialrat, vgl. Protokoll der Molsdorfer Loge in: GStAPK, FM 5.1.4., Nr. 1299.

*15* Freimaurer wurde man durch rituelle Aufnahme (Rezeption, Initiation) in den I. Grad des Lehrlings. Hierfür wurde ein besonderes Ritual der Lehrlingsaufnahme verwendet. Die

*Aufnahme zum Freimaurer war damals nicht gleichbedeutend mit der Mitgliedschaft in der Loge. Oft war die Anzahl der Mitglieder einer Loge begrenzt und es bedurfte eines besonderen Beschlusses, auch deren Mitgliedschaft zu verleihen, die mit der Pflicht der Zahlung von Quartalsbeiträgen verbunden war. Ein aufgenommener Bruder konnte aber an den Versammlungen als Besucher (Visiteur) teilnehmen und zahlte dann nur eine Art ‚Eintritts‘-Gebühr je Arbeit.*

[16] *Der II. oder Gesellen-Grad wurde ebenfalls nach einem eigenen Ritual erteilt, dass jedoch weniger umfangreich war. In der Loge Aux Trois Globes wurden anfangs dem Aufzunehmenden sofort beide Grade des Lehrlings und Gesellen nacheinander an einem Tag verliehen. Oft folgte die Meister-Beförderung schon wenige Tage bzw. Wochen später. Die Aufnahme und Beförderung in alle drei Grade an einem Tag blieb nur besonderen, hochgestellten Persönlichkeiten vorbehalten, so z. B. dem Kronprinzen Friedrich von Preußen im Jahr 1738, vgl. Zu den drei Weltkugeln 2015, S. 33.*

[17] *„Zur Erinnerung an den ersten maurerischen Hammerschlag, welcher unter den Auspicien der Loge aux trois globes und unter Leitung des Grafen v. Gotter, 1741 im Sept[ember]., in Thüringen erscholl", veranstaltete schon die Freimaurerloge Ernst zum Compass am 27. September 1841 in Gotha ein Jubelfest, vgl. GStAPK, FM Gotha 5.2. G 39, Nr. 98, fol. 1f.*

[18] *So aber Salier 2015, S. 20f., 26ff.*

[19] *Selbst frühe Logenverzeichnisse für Deutschland datieren eine Loge Erneste in Hildburghausen erst auf 1748, vgl. Logenverzeichnis 1829, S. 2.*

[20] *Dieser Anspruch wird in der Dauerausstellung des Stadtmuseums Jena in Bezug auf die Freimaurerloge Zu den drei Rosen erhoben, von der es dort heißt, dass hier 1745 die erste thüringische Freimaurerloge gegründet wurde, der Professoren, Studenten und Bürger angehörten. Auch die Jahreszahl ist unzutreffend.*

[21] *Harmening 1881, S. 377.*

[22] *Dietrich 1901, S. 3f.*

[23] *Zu den drei Weltkugeln 1903, S. 12f., wobei der Logenname Zu den drei Kompassen auch fehlerhaft übersetzt sein könnte, weil „Boussoles" im Französischen auch „Zirkel" bedeutet und im freimaurerischen Gebrauch der Zirkel französisch „Compas" bezeichnet wird. Der Name der Loge hätte somit auch Zu den drei Zirkeln lauten können.*

[24] *Ebd., S. 4ff.*

[25] *S. Schwartz 1986, S. 20ff.*

[26] *Ebd., S. 103ff.*

[27] *S. Runkel 1931, S. 101ff.*

[28] *S. dazu Peuckert 1883, S. 3ff.*

[29] *Sehr instruktiv hierzu insgesamt Dickie 2020.*

[30] *Zu den drei Weltkugeln 1903, S. 4.*

[31] *S. zuletzt Zu den drei Weltkugeln 2015, S. 33.*

[32] *Sein Vater Johann Michael Gotter (1654–1729), sachsen-gothaischer Kammerdirektor und Gesandter am kaiserlichen Hof in Wien, war Jurist und Diplomat und wurde 1721 von Kaiser Karl VI. (1685–1740) in den Reichsadel erhoben, vgl. Gerlach 2014, S. 225.*

[33] *Graf Gotter gehörte zeitweilig zum engeren Freundeskreis des Königs auf Schloss Sanssouci in Potsdam, besser bekannt als die „Tafelrunde“, die Adolph von Menzel (1815–1905) in einem 1945 verloren gegangenen berühmten Gemälde darstellte. Ein Porträt Gotters von Hofmaler Antoine Pesne (1683–1757) gehörte zur Erstausstattung des Ersten Gästezimmers im Schloss Sanssouci: Gustav Adolf Graf Gotter (1692–1762) mit Begleiterin in Pilgertracht, abgerufen (2021-12-25) unter https://brandenburg.museum-digital.de/object/7340; Benninghoven/Börsch-Supan/Gundermann 1986, S. 146.*

[34] *Gerlach 2014, S. 225.*

[35] *Zu den drei Weltkugeln 1903, S. 12, 14.*

[36] *Eigentlich Karl Friedrich III. Herzog von Sachsen-Meiningen und Hildburghausen, vgl. Gerlach 2014, S. 71 bzw. Herzog von Sachsen-Coburg und Meiningen, so jedenfalls die Anrede in Briefen vom 22. Oktober 1741 bzw. 27. März 1742, GStAPK, FM Gotha 5.2. G 39, Nr. 98, fol. 21, 37.*

[37] *GStAPK, FM Gotha 5.2. G 39, Nr. 98, fol. 3.; konkreter: I. Protokollbuch der Loge Aux Trois Globes von 1740 bis 1745, GStAPK, FM 5.1.4., Nr. 8057, wo es aus dem Französischen übersetzt über die 64. Versammlung der Loge am 7. September 1741 heißt: „Der Bruder Sekretär Kircheisen brachte vor, dass er soeben Briefe von Seiner Exzellenz, dem Großmarschall Graf von Gotter, erhalten habe, in denen er ihm mitteilte, dass Seine Durchlauchtige Hoheit, der Herzog Karl Friedrich von Sachsen-Meiningen sehr ernstlich wünsche, in unseren Ehrwürdigen Orden aufgenommen zu werden, und darum die Loge bat, so freundlich zu sein, einige Brüder zu diesem Zweck nach Gotha zu entsenden. Zu diesem Anlass entsandte die Ehrwürdigste Loge vier Brüder, nämlich Eichstedt, Sarry, mich selbst, Kircheisen, und den Tuilleur Millenet, um nach Gotha zu gehen und die würdige Aufnahme Seiner Durchlauchtigen Hoheit unter der Leitung und dem Schutz des Ehrwürdigen Regierenden Meisters der Loge, des Grafen von Gotter, vorzunehmen.“*

[38] *GStAPK, FM Gotha 5.2. G 39, Nr. 98, fol. 3.*

[39] *Ebd., fol. 3r, 20.*

[40] *Appel 1987, S. 13.*

[41] *S. biografischer Eintrag zu Sarry in: Zu den drei Weltkugeln 1903, S. 496; einen Leutnant Sarry soll es in der holländischen Armee aber nicht gegeben haben, so Wiebe 1905, S. 18, Bemerkung in Fußnote 1.*

[42] *Später Absalom genannt, heute Absalom zu den drei Nesseln in Hamburg.*

[43] *Appel 1987, S. 13.*

[44] *Die Wahlen erfolgten am 6. September 1742, am 24. Oktober 1742 und am 6. Dezember 1742, s. Gerlach 2014, S. 113.*

[45] *Zu den drei Weltkugeln 1903, S. 496.*

[46] *Sarry wird gemeinsam mit Jakob Friedrich Baron von Bielfeld (1717–1770) im Sinne „freimaurerischer Autoritäten" erwähnt, weil bekannterweise beide Berliner Freimaurer auch Mitglieder der Großen Loge von London in England waren, vgl. das Schreiben des Sekretärs der Aux Trois Globes, Jean Josephe Roblau (1689–1753) vom 28. November 1750 an die Freimaurer in Jena, GStAPK, FM 5.1.4., Nr. 5944, fol. 147.*

[47] *Vgl. Berlin, Französisch-Reformierte Kirche Friedrichstadt, Register der Getauften 1712–1720, S. 175 rechts.*

[48] *Im heutigen französischen Departement Marne.*

[49] *Die Heirat fand am 1. Oktober 1737 in Berlin in der Französisch-Reformierten Kirche Friedrichstadt statt, s. ebd., Register der Eheschließungen 1707–1747, S. 399 links. – Appel 1987, S. 14, nennt ebenfalls die Hochzeit als Grund, dass Sarry sich in Hamburg aufhielt, wobei es sich wohl um die anschließende Hochzeitsfeier und nicht die Trauung gehandelt haben dürfte.*

[50] *Sie heiratete nach Sarrys Tod am 6. August 1767 in Hamburg den Kaufmann Jacobus Poel (1712–1775), der viele Jahre erfolgreich Geschäfte in Russland betrieb. Judith starb am 12. Februar 1769 in Hamburg.*

[51] *StAHamburg, 614-1/72, 5.2. H 44, Nr. 140.*

[52] *S. Französisch-Reformierte Kirche Friedrichstadt, Register der Verstorbenen 1763–1793, S. 86 links.*

[53] *GStAPK, FM 5.1.4., Nr. 1299; Nr. 6481 und Nr. 6480.*

[54] *Es ist bemerkenswert, wie gut die Logenarbeiten in Molsdorf dokumentiert sind, so dass es keiner Rekonstruktionsversuche und Mutmaßungen bedarf.*

[55] *Die rituelle Bezeichnung „sehr ehrwürdig" für die Freimaurerloge korrespondiert mit der rituellen Anrede des Meisters vom Stuhl dieser Loge, der ebenfalls „sehr ehrwürdig" ist. Im Sprachgebrauch des 18. Jh. wurden in diesem Zusammenhang auch Bezeichnungen wie „sehr achtbar", „sehr hochwürdig", „ehrwürdigst" usw. verwendet.*

⁵⁶ *Die bei einer Logenarbeit anwesenden Brüder wurden im Protokollbuch der Aux Trois Globes nach einem bestimmten Prinzip vermerkt. Es wurden drei mal drei Dreiecke gezeichnet, die teilweise auch versetzt angeordnet waren. Im ersten Dreieck der oberen Reihe wurden stets der 1. und 2. Aufseher eingetragen. Das zweite Dreieck dieser Reihe war dem Meister vom Stuhl vorbehalten. Im dritten Dreieck standen die Namen des Sekretärs und des Schatzmeisters. Somit waren alle Logenbeamten erfasst. Die Dreiecke der zweiten Reihe in der Mitte boten Platz für die Namen der ordentlichen Mitglieder der Loge. In der dritten Reihe unten standen die Namen der besuchenden Brüder sowie die Angaben zu den dienenden Brüdern bzw. Türhüter. – Die Namen der dienenden Brüder Bode, Köppen und Racke können nicht zugeordnet werden. Möglicherweise handelt es sich um eigene Diener des Grafen Gotter, die bestimmt wurden, aufzuwarten und Hilfstätigkeiten zu verrichten. Dienende Brüder hatten kein Stimmrecht in der Loge und wurden nach einem vereinfachten Ritual zu Freimaurern gemacht, um sie mittels Eides zur Verschwiegenheit zu verpflichten.*

⁵⁷ *„Gerecht und vollkommen“ ist ein freimaurerischer Wertebegriff und bedeutet, dass eine Loge nach ihrer Einsetzung rechtmäßig begründet wurde und nach ihrer inneren rituellen Einrichtung ordnungsgemäß ausgestattet ist.*

⁵⁸ *Im 18. Jh. bezeichneten die Freimaurer ihren Bruderbund selbst als „Orden“, ohne damit zunächst eine Verbindung zu den Ritterorden der Zeit der Kreuzzüge herstellen zu wollen. Diese angebliche historische Verbindung wurde jedoch alsbald in den Hochgraden in der Freimaurerei, z. B. den Schottischen Meistergraden, bemüht.*

⁵⁹ *„Ballotage“, auch „Kugelung“ genannt, bezeichnet die geheime und demokratische Abstimmung u. a. über Aufnahmen und Beförderungen. Dabei werden entweder weiße Kugeln oder Steine als Zeichen der Zustimmung bzw. schwarze Kugeln bei Ablehnung abgegeben.*

⁶⁰ *Die Meister-Aufnahme des Bruders Bachof[en] geschah zuerst nach dem Ritual des III. Grades. Die Aufnahme des Herrn von Avemann zum Freimaurer (I. Grad) und die Beförderung zum Lehrling (II. Grad) wurden danach in einer zweiten Versammlung an diesem Abend vollzogen.*

⁶¹ *Diese Formulierung wurde dann verwendet, wenn Aufnahmen und Beförderungen ordnungsgemäß und getreu dem Ritual erfolgt sind. Auf diese Weise mussten im Protokoll keine Details des rituellen Ablaufs niedergeschrieben werden.*

⁶² *Dieser Passus ist eine Anspielung auf das damalige Ritual. Nach dem Verständnis der Freimaurer war eine Logenversammlung eine „Arbeit“, die von jedem Bruder Disziplin im Ablauf erforderte. Man schuldete dem leitenden Meister und den anderen hammerführenden Beamten Gehorsam und Respekt und erhielt dafür am Ende ideellen Lohn.*

⁶³ *Das Ritual hatte z. B. bei der Aufnahme verschiedene Handlungsabschnitte, die zwingend durchzuführen waren. Dazu gehörten: die Öffnung der Loge in Form eines Katechis-*

mus, die Vorbereitung des Aufzunehmenden und seine Prüfung, seine Eidesleistung, die Aufnahmehandlung selbst, eine Rede an den neuen Bruder nebst Erklärung der Symbole auf dem Arbeitsteppich und die Schließung der Loge. Der umfangreiche Katechismus des Lehrlings, zumeist mehr als 100 Fragen und Antworten, wurde nur im Wechselgespräch vorgetragen, wenn es die Zeit erlaubte und nicht bereits das anschließende Essen und Trinken der Tafelloge lockte.

[64] GStAPK, FM 5.1.4., Nr. 1299.

[65] Die Rede, die bei der Aufnahme eines Lehrlings und Gesellen gehalten wurde, wurde auch „Discours" genannt. Sie hatte den Zweck, die besondere Bedeutung und das Wesen der Freimaurerei vorzustellen und war sehr pathetisch. In der Molsdorfer Ritualhandschrift ist die Rede nicht enthalten. Sie ist aber in anderen zeitgenössischen Handschriften der Aux Trois Globes überliefert.

[66] GStAPK, FM 5.1.4., Nr. 6481.

[67] GStAPK, FM 5.1.4., Nr. 6480.

[68] Sarry, Kircheisen und Millenet nahmen am 28. September 1741 wieder an der 70. Logensitzung der Aux Trois Globes in Berlin teil, s. GStAPK, FM 5.1.4., Nr. 8057.

[69] S. Zu den drei Weltkugeln 1903, S. 12f.; GStAPK, FM Gotha 5.2. G 39, Nr. 98, fol. 3r. – Im Protokollbuch der Loge Aux Trois Globes ist keine ausdrückliche Erteilung des Patents für die Logenerrichtung durch den Herzog von Sachsen-Meiningen erwähnt. Dieses Recht in seinem Herzogtum ist ihm als Resultat seiner Meisterbeförderung in Molsdorf zuerkannt worden. – Nach der Gründungsmatrikel der Aux Trois Boussoles, GStAPK, FM Gotha 5.2. G 39, Nr. 115, fol. 85, ist endlich bewiesen, dass sich der Herzog mit den Brüdern von Zedlitz, von Stein und Weber sowie einem Bruder Charles Barnouin am 19. Dezember 1741 in Meiningen zur ersten Logensitzung traf. Als Mitgründer trat auch Charles Sarry in Erscheinung, der im engen Briefkontakt mit dem Herzog verblieben war. Die Loge arbeitete noch am Folgetag, dem 20. Dezember, und nahm drei Lehrlinge und zwei dienende Brüder auf. Am 21. Dezember 1741 wurden schließlich fünf Meister befördert.

[70] GStAPK, FM Gotha 5.2. G 39, Nr. 98, fol. 17f., 20.

[71] Zu den drei Weltkugeln 1903, S. 13. – Im I. Protokollbuch der Loge Aux Trois Globes wird Meiningen als Ort einer Loge nur einmal erwähnt, s. GStAPK, FM 5.1.4., Nr. 8057. In der 190. Loge am 15. November 1743 heißt es übersetzt: „Der andere Brief war von Bruder Schenck, den er an den Bruder Sekretär Roblau schrieb, in dem er den Tod Seiner Durchlauchtigen Hoheit, des Bruders Herzog von Gotha, früherer Meister vom Stuhl der Loge Aux Trois Boussoles von Meyningen, mitteilte; der Bruder Sekretär wurde angewiesen, auf dieses Schreiben zu antworten." – Die Bezeichnung des Herzogs Friedrich Karl von Sachsen-Meiningen als „Herzog von Gotha" scheint ein Irrtum in der Loge in Berlin gewesen zu sein. Möglicherweise ist er darauf zurückzuführen, dass das Herzogtum Sachsen-Mei-

*ningen 1680 durch Teilung des Herzogtums Sachsen-Gotha entstand und der Herzog Karl Friedrich im Ergebnis für Außenstehende aus dem Hause Sachsen-Gotha abstammte.*

[72] *Erst 1774 kommt es in Meiningen mit der Charlotte zu den drei Nelken wieder zu einer Logengründung, s. Zu den drei Weltkugeln 1903, S. 13.*

[73] *S. GStAPK, FM 5.1.4., Nr. 8057: Die 75. Loge vom 26. Oktober 1741 mit dem übersetzten Wortlaut: „Der besagte Bruder Sekretär las drei verschiedene Briefe aus Gotha, Leypzig und Dresden vor, die die Freimaurerei berührten, und es wurde zunächst entschieden, was er antworten soll." In der 93. Loge vom 22. Februar 1742 mit dem übersetzten Inhalt: „Es gab keinen Widerspruch und es wurde einstimmig vereinbart, dass wir an die Logen von Dresden, Leypzig, Hamburg, Gotha und Breslau schreiben werden (…)." Schließlich die 111. Loge vom 13. Juni 1742: „Bruder Fromery schlug (…) vor, dass es notwendig sei, an die Logen von Leypzig, Dresden, Gotha, Meynung und Breslau zu schreiben (…). Hier wird Gotha neben Meiningen (Meynung) als Loge erwähnt.*

[74] *S. Sarrach 2021, S. 58ff.*

# IV. Molsdorf anno 1741 —
# Die Protokolle der Logenarbeiten vom
# 14. bis 16. September 1741

20

Monseigneur

Come le frere Sarry part aujourd'huy pour Gotha, je
Luy confie les protocolis tenûs
à Molsdorff, avec prière, de les
mettre aux pieds de Vôtre Al-
tesse Serenissime, & de L'af-
furer de la plus profonde Sou-
mission avec la quelle j'ai
l'honneur d'être
Monseigneur
    de vôtre Altesse Serenissime

à Berlin
le 22. d'Oct.
  1741

                    Le tres humble, & tres
                    foumis ferviteur
                        Bischeffen

La trés Venerable Loge
S'est assemblée à Molsdorff au Palais
de S. E. Mr le Grand Marechal de
S. M. le Roi de Prusse, le Comte de
Gotter, le 11me Septb. 1741.
Sous la Direction
Du trés Venerable Maitre

Le très Venerable Maitre de la très
juste et parfaite Loge, aux trois Globes
à Berlin, S. E. Le Comte et frere de
Gotter, Grand-Marechall, et Ministre
d'Etat du Roi, ayant mandé par une
lettre en date du 25.e d'Aout à la dite
Loge, que S. A. S. Monseigneur le Prince
Charles Frederic, Duc Regnant de Saxe
Meiningen vouloit entrer dans le T.
V. Ordre de la Maçonnerie, et deman„
dé à cette fin une Deputation de quel„
ques freres, pour assister à sa reception.
Le T. V. Maitre Deputé en Chaire et
tous les venerables Membres de la
Loge à Berlin ont pris cette proposition
en consideration dans une Loge regulie„
rement assemblée à Berlin le 7.e de Sept.
a. c. et comme ils ont cru d'être de leur

devoir de satisfaire à ces desirs ardens
et pieux, ils ont deputé quatre freres,
savoir le f. d'Eichstedt, Chambellan
du Roi, le f. Kircheisen Conseiller de
Guerre du Roi, le f. Sarry, Lieut: au
Service des Etats Genereaux, et le f.
Millenet Tuilier, pour se rendre ici à
Molsdorff, ouvrir et tenir Loge, et assister aux receptions de S.A.S. et de
quelques autres Cavaliers. Nous Freres des Francs
et acceptés Maçons, ci devant
només, sommes assemblés la premiere
fois ici à Molsdorff, le 11e Sept. 1741. et
apres que le f. V. Maitre regnant en
Chaire eut ouvert la Loge, il proposa
aux freres, que le frere B. de Bachof
ab Echt demandoit d'être reçu Maitre

et Mr. Henry Louis d'Avemann,
Conseiller du Consistoire de S. A. S.
Msgr. le Duc de Saxe-Gotha de
vouloir être reçu Maçon

Comme le premier a été reçu Maçon
à Berlin dans nôtre Loge, son tems
pour pouvoir aspirer à la dignité de
Maitre echû, et son Zele et application
pour l'art Royal assés connû aux freres,
il fut balloté et admis unanimement
de même que l'autre recipiendaire.
Leur reception respective de Maitre et
d'Apprentif et Compagnon se fit aprés
dans deux differentes assemblées et dans
toutes les formes et solemnités dües
et requises.
Le T. V. Maitre mit ensuite les freres
Ouvriers à l'Oeuvre, et apres avoir

commencé et achevé L'ouvrage d'Ap,
prentif d'un bout à L'autre; il renvoya
les freres paisiblement, et ferma la
Loge pour cette fois. Hircheisen

La tres Venerable Loge
S'est assemblée à Motsdorff au
Palais de S.E. Mr. le C. de Gotter
le 15e Sept: 1741.
Sous la Direction
Du tres Venerable Maitre

le frere Parry 1r Surveillant le frere d'Eichstedt 2e Surveillant
le frere Cte de Gotter Maitre regnazit de la Loge
le frere Kircheisen Secretaire

le frere de Nepta
le frere Baron Bachoff ab Echt
le frere d'Avemann

le frere Servant Bode
les freres Mille netzuilier frere Köppen
le frere Servant Racke

40

Apres l'arrivée de S. A. S. Mon,,
Seigneur le Prince Charles Frederic
Duc regnant de Saxe Meiningen,
Le T. V. Maitre de la Loge, fit assem,,
bler d'abord les freres presens cy dessus
nommés, Il ouvrit ensuite la Loge
et proposa à la T. R. assemblee
qu'il s'agissoit aujourdhui de la
reception Solemnelle de S. A. S:
demandant la dessus les avis et les
consentemens de la Loge.

La Ballotem.t finie S. A. S.
fut reccue, Apprentif et Compagnon
dans toutes les formes requises, et avec
toutes les Solemnités dües.
Le tres V. Maitre proposa ensuite
pour etre receu Maçons les Candidats
Suivans.

Mr. Frederic Louis de Maucken,
heim, dit Bechtolsheim, Grand
Echanson de S. A. S. Mgr. le Duc
regnant de Saxe Gotha.
Mr. Jean Ernst de Stein Gentilhome
de la Chambre de S. A. S.
Mr. Guillaume de Cachedenier Conseil,
ler et Gentilhome de la Chambre de
S. A. S.
Mr. Otto Henry d'Einsiedel Gentil,
home de la Chambre
Mr. Alexandre de Witzleben Gen,
tilhomme de la Chambre
Mr. Otto Ernst de Seebach Assesseur
de la Regence et Gentilhome de la
Chambre
Mr. Louis Gotter Conseiller du Cabinet
de S. A. S.

M.<sup>r</sup> Weber Thresorier, et
M.<sup>r</sup> de Zedliz Page de S. A. S.
Après que la T. V. Loge eut donné son
consentement à la reception d'un
chacun ayant meurement pesé, et
examiné leurs qualités. Ils furent
reçus l'un après l'autre dans les
formes dües et requises.
Le T. V. M. de la Loge tint en suite
un discours très pathetique de l'origi-
ne, de la preeminence, des progres, et
de l'utilité de la maçonnerie, dont
tous les freres presens furent tres
touchés et edifiés.
L'on proceda de meme à l'ouvrage,
et celui d'apprentif fut achevé d'un
bout à l'autre, le tems ne permettant
point de le pousser plus loin pour

cette fois.

le T. V. M. ordonna pour demain une loge de Maitres et la Session se finit à 8 heures du soir.

Birchäisen

La tres Venerable Loge
s'est assemblée à Molsdorf au Palais de S.E. M.r le C. de Gotter
le 16.e Sept. 1741.
Sous la Direction
Du Tres Venerable Maitre

Le Ser.me frere Monseigneur le
Duc de Saxe Meiningen ayant
temoigné qu'il donneroit plus d'e,,
tenduë à Son Zele pour l'art Royal,
et Souhaitté d'etre eleve' à la Digni,
té de Maitre pour pouvoir eriger
dans sa Residance une Loge juste
et parfaite.
La tres Venerable Loge prit tout cela
en Consideration, et resolut pour cette
fois de recevoir maitre S. A. S. de
meme
    Le frere de Nepta
    Le frere de Cachedenier, et
    Le frere de Pechtelsheim.
Et leur reception respective se fit
avec toute la Solemnité due et re,,
quise

        En

En foy de quoy j'ai figné ces trois
protocolls, & apposé le feau de
La T. V. Loge aux trois Globes à
Berlin.         Fait à Molsdorff
le 16. Sept: 1741.

Jordheisen
p. t. Secretaire de' La T. V.
Loge aux trois Globes
à Berlin

# V. Molsdorf anno 1741 —
# Das Ritual des Lehrlingsgrades
# nach Aufzeichnungen der Teilnehmer

Maniere d'oubrier La Loge    50. d.1.

1. Ete vous Macon                    71
2. quels est le premier Soin dun
   Macon
3. faité votre Devoir
4. ou ce tenoit votre Maitre lors
   que vous fute fais Macon.
5. Pourquoy
6. Mes freres La Loge est
   ouvertes.


Maniere d'ouvrier La Loge    51. d.2.
        La partie du Surveillant  72
1. Les freres et Companions me reconnoiss
   sent pour tel.
2. Je vois que La Loge soit Couverte
   avand de Parler
3. Mr: le Surveillant envoije Son Cadet voir
   Sij la Loge st fermé.
4. a L'orient.
5. a L'exemple dei Soleil qui ce
   Leve a L'orient le Maitre ce tiend
   a L'orient pour ouvrir La Loge st
   metre Ses ouvrier a L'euvre.
6.

Reception d'Aprantifs. et Companions    N° 4.

Le Tres Venerable Maitre Commence par ouvrier la Loge
de la Maniere Usiter dans Notre Societé.
Apres quoy il ordonne. a Un Des Membres de faire
un petit Discour patetique au Candidat cela étant
fait le Membre rentre dans Sa Loge de la Mariere
Usiter et fait Rapport au Tres venerable, et Si
le Candidat persiste a vouloir être recu le Maitre
ordonne a un Autre Membre de le Deshabiller
cela Stant fait le Membre Saproche avec le Candidat
de la porte et frappe

              T. Le Maitre                    73
Jeune Surveillant voyez qui est las.

              Le Jeune Surveillant
Il vat a la porte quil entre ouvre et Demande
qui est la?

              Le Membre
Cet Un honnet homme qui demandé a etre recu
Maçon

              Le jeune Surveillant
Tres Venerable il y-a a la porte Un honnet homme
qui desire d'être recu Maçon

              Le Maitre
Demander luy Si cest de Sa propre Volonté

              Le Jeune Surveillant

est ce de votre propre Volonter que vous désirer d'être
recu Macon      Le Membre

Ouy
              Le Jeune Surveillant
Ouy Tres Venerable cest de Sa propre Volonter.

              Le Maitre
Demander Son Nom Son Surnom et Ses Qualiter

              Le Jeune Surveillant
Votre Nom Sur Nom et vos Qualiter

              Le Candidat
Jean Jaque B.

Le Jeune Surveillant

C'est Jean Jaque &c.

Le Maitre

est il dépourvu de tout M:.

Le Jeune Surveillant

est il dépourvu de tout M:.

Le Membre

ouÿ

Le Jeune Surveillant

Ouÿ Tres Venerable.

Le Maitre

Que les portes Luy Soit ouvertes

Le Jeune Surveillant.

M3. Il le prend par la Main Gauche et luy donne
la pointe de l'Epée dan la Droite et luy
fait faire Un Tour Et Demÿ et Lors qu'il es
Arivé a l'Orient il Donne Un Coup Sur l'Epau
de L'Ainer Surveillant

L'Ainer Surveillant

Qui est las

Le Jeune Surveillant

C'est Un honnet homme qui désire d'être reçu
Macon

L'Ainer Surveillant

Tres Venerable voiÿ Un honnet homme qui
désire d'être reçu Macon. —

Le Maitre

aice de Sa propre Volonter

L'Ainer Surveillant

aice de Sa propre Volonter

Le jeune Surveillant

aice de Votre propre Volonter

Le Candidats

ouÿ

Le Jeune Surveillant

Ouÿ c'est de Sa propre Volonter

L'Ainer Surveillant

ouÿ Tres Venerable c'est de Sa propre Volonter

Le Maitre
est il depourue de tous M:

            L'ainé Surveillant
est il depourue de tout Metal

            Le Jeune Surveillant
ètes vous depourue de tout M.

            Le Candidat.
ouij          Le Jeune Surveillant

ouij          L'ainé Surveillant

ouij  Tres Venerable

            Le Maitre
Laisse l'aprocher   M3. Les deux Surveillant
le prennent par la Main et le Conduisent au Maitre
le font Maitre a jenoux et en Suitte Suis
l'obligation apres quoy le tres venerable luy dit
C'ètes vous Mon frere

            Le Maitre
frens Surveillant reprennele entre vous.

            Le Maitre
faite luy voire le jour dont il a èté Longtemps
privé      Le Maitre

Poste le en Macon et grrené. Luy a Marcher par
trois pas en Aprantif

            Le Maitre
Meten vous a Ma Droite Mon frere

            Le Maitre
frere Ainé Surveillant habillier Mon frere
en Macon     L'ainé Surveillant

M3. luij mest le Tablier. et dit voicij un ordre qui
est plus encien que l'ordre de La
Jarretiere et la toison d'or, Roij, Prince et
Guerrier ce Son fait un honneur d'en ètre rêvêtue

            Le Maitre
M. luij donnant une pere de Gans Luij dit voicij un
present que la Loge vous fait et en Voicij
une autre paire pour celle que vous estimé

le plus cest aussy pour vous prouver que Nous
avons du Respect et de la veneration pour le
Sexe feminin quoique Nous Ne puision les admetre
dans Notre Societé et dont vous aprendré
la Raison

Le Maitre

Vous venez Mon frere d'entrer dans Un Ordre
des plus honnorable et des plus ancien quil
y aient dans le Monde cet ordre est fondé Sur
le Model d'un art fort Uni et fort Simple quoique
Tres Necessaire a la Societé Civile, Savoir Sur
le plan de la Maçonnerie ainsidonc que dans
Chaque Art ou Metier il y a Trois degrer
pareillement trouverez vous que Notre Maconnerie
y repond parfaitement par Les Trois d'egrer
d'aprantif de Companion, et de Maitre.
Chaqun de Ses degrer a Ses Signes, Ses Marques
et Ses parolles par les quelles ils ce distingues les
Uns des autres et par les quelles ils ce donnent
a Connoitre a ceux de leurs frans qui le Sont
Legitimement outre Les Signes particuliers
Nous Avons des Signes Generaux par les
quelles Nous Nous distinguons du reste du Genre
humain les Signes Generaux Sont fait
C. N. et P. Vous venez actuellement Mon
Cher frere d'être admis dans le Degrer
d'aprantif pour cet Effet je Suis obligé
de vous aprandre les Signes les Marques,
et les parolles qui y Sont apropirer
le Signe d'aprantif est X X X
La Marque est X X X
La Parole est X X X
Eprouver Mon frere Sy vous pouver vous
donner a Connoitre aux autres frere
Comme aprantif

NB Il fait le Tour jusquace quil viennent entre
les Deux Surveillant alors l'ainé Surveillant
luy demande.

# Examene de l'aprantif

1. Quel est le premier Soin d'un Maçon,

2. Estes vous Maçon

3. Comment Connaitrege que vous êtes Maçon

4. Quel Sont les Signes,

5. Quel Sont les Marques,

6. Donnez moi les points de vôtre Entrée

7. Je tien Cachée

8. Que Gardez vous.

9. Combien de Degrez ij-à-t-il dans la Maçonnerie

10. Quel Sont-ils.

11. Dans le quel de ces dégres fut vous admis en premier lieu,

12. Puis-que cela est ainsy, je veux vous examiner un peut plus loing,
Dou venez vous,

13. Quel Recommadation aportez vous de la,

14. N'aportez vous rien d'avantage,

15. Quetes vous venu faire icy

16. Quel est le premier point de la Maçonnerie

17. Pour Quoy

18. Comment c'est il put faire qu'une Maison aussy
    Vaste questoit le Temple de Salomon sayent
    pût Batir de la Porte.

19. Pourquoi vous êtes vous fait Maçon,

20. Ou fut vous fait Maçon,

21. Combien font une Loge juste est parfaite

22. Sous quel Domination

23. Combien font une Loge,

24. Sous quel Domination,

25. Qui vous Conduisit à cette Loge Juste et parfaite
    ou vous fut fait Maçon,

26. Comment vous y-à-til Conduit,

27. Par quoi y fute vous Ademi,

28. C'est trois Grands Coups ou vous Conduisire til,

29. Que fit il de vous,

30. Que fit de vous L'ainer des Surveillans,

31. Le Maître que fit-il de vous,

32. Comment vous fitil Maçon,

33. Quel étoit ses formaliter,

34. Que faisier dans cette Posture,

35. Pourier repetter Cette obligation

36 Je promay et fais Voeux Solamnellement devant
Dieu le Tout Puissant et cette Venerable asemblée,
de Cacher et garder et ne jamais reveler les Secrets
des Maçon, ou de la Maçonerie, Tant ceux que j'ay
apris, que j'aprends ou qui me Serons revelay à l'avenir
exepter a un frere legitime et veritable apres une
Examene exactes, ou dans une Loge Juste et parfaite
Composer de Freres et Compagnions Regullierement
asemblé. De plus je promet, de ne les jamais Ecrires,
Imprimes, Marques, Graves, Tailler, ou Ingraves, et de
nêtre jamais la Cause directre, ou Indirectre, qu'il
Soit Ecrits, Imprimes, Marques, Graves, Tailler, ou
Ingraver, Sur aucune Choses Mobille, ou Inmobille
qui puisse retenir marque ou Impression afin que le
dit Secrai ne ce puisse obtenir Inlegitimement, et cela
Sous ma moins de peine, d'avoir ma Gorge Coupée,
ma langue arachée du palais, Mon Coeur aracher
de desfous ma Mamel Gauche, pour être le tout enterré
dans les Sables de la mer la profondeur d'un Cable
ou la Marée à flux, et refluz, deux fois en vingt quatre
heure, mon Corps Brullé et reduit en Cendre, Mes Cendres
dispersé par les quatre vents Sur la Surfasse de la Terre
afin qu'il ne reste de moi aucune ressouvenance parmi
les Maçon, Ainsy Dieu me Soit en aide, Apres
quoi je Baisay la St Bible

37  Quels sont les Secraits que vous avez promis de garder Si
    Solemnellement,
38  Ou les gardez vous Ses Secretz,
39  Le coeur à til une Clef,
40  Ou la gardez vous,
41  La Clef de ce coeur et telle pendue ou couchée,
42  Pourquoi,
43  De quel metal est elle,
44  Vous mavez parlé de Signes de marques et de Paroles,
    donnez moi le Signe de laprantif,
45  Donnez en latouchement à votre frere Surveillant,
46. Donnez moi la Parole,

47. 1. a. 2 m. 3. a. 4. m: 5. a 6.
    Nb ou étoit la Loge donc vous mavez parlé
48. Sur quoi cette Loge étoit elle Situeé
49. Pourquoi!
50. Comment étoit elle Situeé,
51. Pour quelle raison,
52. Quelle étoit la figure de cette Loge,
53. Quelle étoit Sa Longeur,
54. Quelle étoit Sa Largeur,
55. Quelle hauteur avoit cette Loge,
55. Comment étoit Sa profondeur,
56. Parquoi étoit elle Suportée,
57. Comment les Nommez vous,
58. Pourquoi ce nomment il Ainsy,

59.   De quoi étoit couverte cette Loge,         77
60.   Elle avoit sans doute des Ornements,
61.   Quelle étoient ils,
62.   J avoit il des Meubles,
63.   Quelle étoient ils,
64.   Quelle étoient leurs usage,
65.   y avoit ils des Bijoux,
66.   Combien et de quel nature,
67.   Quel étoit les Mobiles,
68.   à quoi servent ils,
69.   Quels étoient les Immobiles,
70.   Dites moi leurs usage,
80.   Cette Loge avee sans doute des Lumieres fixe,
81.   Comments ces Lumiers étoient il Situéé,
82.   A Quoy servent tél
83.   Pourquoi n'y en avoit til pas aux Septentrion
84.   En Arrivant à cette Loge et avant que d'être fait
       Maçon que vîte vous,
85.   Et apres avoir été Reçu Maçon que Vîtes vous
86.   Que represente tels.
87.   Expliqué moi pour quel raison,
88.   Quand vous futes fait Maçon ou ce tenoit
       le Maître
89.   Pourquoi se tenoit il la

100. Et Les Surveillans ou ce tenoit ils,

102. Pour quel raison,

103. Ou ce tenoit les Compagnon,

104. Pour quel Sujet,

105. Ou ce tenoit les apprentifs,

106. Pour quel Sujet,

107. Ou ce tenoit le plus jeune des Aprentif.

108. Que feroit on à un tel Temeraire,

109. Apres m'avoir fait de vôtre Loge une tres bonne description donc je Suis tres content dite moi ce que c'est un Maçon,

110. Comment ce nomment un bon Maçon,

111. Que Signifie ce môt,

112. Comment appellez vous Sont fils,

113. Que Signifie ce môt M je dis en quoi est il utile, à Son Pere,

114. Quel est Son Privilege,

115. Sy un Maçon etoit Perdu ou le trouveroit on,

116. Pourquoi,

117. Qu'apprenez vous étant Maçon ouvrier,

118. Qu'apprenez vous étant Maçon Gentil-homme

119. Qu'apprenez vous etant L'un et l'autre,

120. Avez vous vû vôtre Maître Aujourd'huy

121. Comment etoit il vetû,

122. Combien de jour Le Servit vous.

123.    Avez quoi le Servez vous,                    73

124.    Queceque cela Signifie,

125.    Comment cela,

126.    Combien de Sorte de Signe y à-t-il dans la Maçonerie,

127.    Quel Sont ils,

128.    Expliquez moy cela,

129.    A Quoy bon le jour,

130.    La Nuit,

131.    Quel Age avez vous,

132.    De quel Côté vient le vent,

133.    Quel Heure est il,

        Mes Freres il étant de Boire

        Fin de la Partie de L'aprentif

61

Reponce de L'Examene,
d'aprentif.                    73

1.  C'est deprendre garde que la loge Soit couverte
    avant de parler.
2.  Les Freres est Compagnon me reconnoissent pour tels,
3.  Par des Signes des Marques, et les Points parfaits de
    mon Entreé,
4.  Toute Ecaire, Niveaux est Perpandiculaires,
5.  Certain Atouchements, Regulier qui se donnent
    entre les freres,
6.  Donner moy le premiere, je vous donneray le Second,
7.  Je garde,
8.  Tout les Secrets des Maçons et de la Maçonerie,
9.  Trois
10. Celuy de l'aprentif. Celuy de Compagnon, est Celuy de Maître
11. Dans Celuy de l'aprentif,
12. De la S: L: De St. J.
13. La recommandation que j'apporte des trois venerables
    les Maîtres, est les Compagnons, et de vous Saluer trois
    fois de bon Coeur,
                                          et compagnion
14. Prosperité est bien veillance au Freres de cette Loge
15. Je Suis venu pour Submetre Ma volonté vaincre mes
    Pasfions, Comme aussy pour apprendre L'Art de la
    Maçonerie, et tachay dy faire tous les jours quelques
    Progrets,
16. C'est d'être deprouvé de tout Métal,

17. Parce quand Batissant le Temble de Salomon, on
n'entendy, n'y le Bruit d'un Marteaux, n'y celuy,
d'un hache, N'y le Son d'aucun Metal

18 Cela C'est pû faire, Parce que toute les Pierres et
toute la Charpente, y fut envoyée déja preparée par
Hiram. Roy de Tir.

19. Parce que j'étois ou vivoit dans les Tenebres et que je
cherchois la Lumiere,

20. Dans Une Loge Juste et parfaite,

21. Sept ou Plus,

22. Sou Celle d'un Maître, deux Surveillans, Deux
Compagnion, et deux Apprentif

23. Cinq

24. Sous Celle d'un Maître, deux Surveillant un
Compagnion, et un Apprentif,

25. Le Plus jeune des Apprentif,

26. Ny Nû, N'y vetu, N'y Chossé, N'y Déchossé,
Mais cependant dans une posture, Prete á Marcher
ou á m'arreter Selon l'exigeance,

27. Par trois grands Coups,

28. Au jeune des Surveillans,

29. Il me prit par la main et me Conduisit par le
Septentrion, á l'Orient, Et par le Midy á l'occident
et me ramena par le Midy á l'Orient, et par le
Septentrion á l'Occident, et la me remis entre les
mains de l'Ainé des Surveillans,

30. Il m'apris á marcher en Maçon, par trois pas
Et me Conduisit au Maître

31. Avec mon Consentement et celuy de la Loge Je me fit Maçon

32. Avec toutes les formalitez Requise

33. J'avois mon Genoux Droit plié, dans l'Equiere, Ma Main droite Nüé porée sur la Bible, de la gauche Nüe je tenois un Compas. ouvert enforme d'Equiere dont je presentai une des Pointes, sur le Coeur — Poitrinée Nüe

34. Je prenois l'obligation Solemnelle d'un Maçon

35. Je ferois mon Possible,

36. Je Consiste en des Signes de marques et des paroles,

37. Dans le Coeur,

38. Oüi

39. Dans une boëte Dor, fait enforme Darche qui ne souvre et ne ce ferme qu'avec des Clefs D'yvoire

40. Elle est pandue

41. Par une ligne de Neuf Pouce ou d'un Pane

42. D'aucun Metal mais Cais D'une langue acoutumé a bon Raport et a ne dire que du bien dériere Comme devant les freres,

43. X # X # X #

44. X # X # X #

45. Jendiray Sil vous plaît les Lettres avec vous,

46. Dans un androit ou on entendy Ny Chien aboijes, n'y Coque Chanter, n'y Viell, femme barboter an deux môts dans un androit semblable a la Valée de Josapha ou dans quelque autre lieu secret ou Caché

47. Sur Terre Sainte

48. Parce que toute les Loges sont Sacrée par leurs Constituation ;

49. Exactement de l'Orient à L'Occident

50. Parce que tous les Edefices Sacré sont ou doivent etre Situé ainsy.

51. D'un Oblon.

52. De l'Orient à l'Occident,

53. A proportion de l'Oblon du Midy au Septentrion

54. Des Toises des Pieds et des Pouces Sans Nombres,

55. Sa Profondeur étoit depuis la Concavité jusqu'à la Surface de la Terre

56. Par trois Grands Pilliers,

57. Sagesse Force et Beauté,

58. Parce que la Sagesse fait invanter la forie fait Suporter et la Beauté Orner

59. D'un Dair Celeste Compozes de Nuages de diverses Couleurs,

60. Ouÿ

61. Le Pavez à la Mozaïque qui couvroient la Sale L'Etoille flanboyante qui etoient au Centre de la Loge et la Houppe Dantelle à la Sinclur des Bords

62. Oui

63. La Bible le Compas et l'Equiere

64. La Bible étoient destinée à servir Dieu et Gouverner la foy, le Compas etoit pour le Maître et l'Equiere Pour les Compagnion,

65.  Oüi

66.  Six Trois Mobiles et Trois Jnmobiles,

67.  L'Equiere Le Niveaux et la Ligne à Plone

68.  La L'equiere Servoit à tirer des Lignes Droites
     Si éxates comme aussy à donner de la forme
     à ce qui etoient diforme, le Niveaux à bien
     Orienter, ou à métre Lunis, La Ligne à Plomb.
     à Léver une Pierre Parpandiculaire Sur Sa Base,

69.  La Planche à Tracer, la Pierre Cubiques, à
     Pointes et la Pierre brute à aibaucher,

70.  La Planche à Tracer Sert au Maître à tirer
     Ses desseins la Pierre Cube à Pointe au Compagñon
     Pour Esaÿer leurs Bygoux, Et la Pierre au
     apprentif Pour apprendre à travailler,

71.  Oüi

72.  L'une à L'Orient L'autre au Midy, et la
     Troisieme à l'Occident,

73.  Celle de L'Orient etoit pour Eclerer ceux qui
     alloit à L'ouvrage, Celle du Midy ceux qui ÿ
     etois, et celle de l'Occident ceux qui en revenoit

74.  Parce que le Soleil ne Darde Point ces Raÿons
     Sur nous du Côtes de ces Emis Frere

75.  Rien que je puise Comprendre

76.  Trois Grandes Lumieres

77.  Le Soleil la Lune et le Maître Maçon

78.  Cette Signification desigue que comme le Soleil
     Gouverne le Jour, la Lune la nuit, Quaussy
     et avec la même regularité, le Maître
     Maçon doit Gouverner Sa Loge

79. a L'Orient,

80. Comme le Soleil se leve à l'Orient, Pour ouvrir
le jour; Ainsy le Maître Maçon, Se tient à
L'orient pour ouvrir Sa Loge et mestre Ses ouvriers
à l'oeuvre.

81. à L'occident,

82. Comme le Soleil se Couche à l'occident pour
Clore la journée, Ainsfy les Surveillans ce
tienne à l'occident, Pour mestre fin à l'ouvrage
Payer les Ouvriers et fermer la Loge,

83. Au Midy,

84. Pour entendre et recevoir les jntructions, Comme
aussy pour faire bonne Acceulle au Freres
Visiteurs, Ou Etrangers,

85. Au Septentrion,

86. Pour tenir garder et renforcer la Loge.

87. a la porte le Sabre à la main, pour
Empecher les Ecouteur, et les Temeraires d'Entrer,

88. on le puniroit Suivans les Lois Maçonnig,

89. C'est un homme qui est frere est Compagnion
d'un Roy. Prince ou Duc en quas qu'il soit
Maçon,

100. Guibline,

101. Force dans l'Architeture,

102. Louvvay,

103. a ce servir en quas de besoin

104. C'est d'être fait Maçon, avant ou preferablement
à un Roy ou Prince,

105.    Entre le Compas et l'Equiere                    82

106.    Parce que tout bons Maçons doit Compasser sa
maniere de vivre, et Carer ses Actions,

107.    Tailler Mouiler des Pierres, à Mettres aux Niveaux
et à lever une Pierre Pandiculaires

108.    Une bonne Morale à garder le Secret et à me
rendre agreables, et bon Compagnion en toutes société

109.    A ne jamais Parler de l'Etat et de la Religion
n'y d'aucune Chose obsene,

110.    Oüÿ

111.    Or est asure ou j'aune est Bleu.

112.    Depuis le Lundy matin, jusqu'au Samedy au Soir,

113.    Avec de la Croye ou Charbon et une Terine

114.    Liberté fervoure et Zele

115.    Parce qu'il n'y à rien de plus libre que la Croye
rien de plus fervant que le Charbon et rien
de plus Zelé que la Terre,

116.    Il y en à quatre,

117.    Le Gutural, le Pectorial, le Manuel et le pied d'Estal

118.    Le Gutural nous fais resouvenir, de ne point
encourir la peine d'avoir la Gorge Coupée,
Le Pectoral nous averty de ne pas meriter
Pareillement d'avoir le Coeur de Chiré, Le Manuel
nous appelle en memoire les attouchements et
le Pied Estal nous represente un Bois Maçon
bien planter en Equiere

119.    a Voir

120.    a Ecouter

121.    au des sous de sept ans,

122. De l'Orient,
123. Midy Son fraper.

Il est tems de Boire

Fin de la Partie de l'apprentif

---

Manière de fermer La Loge
1. ouce tenoit Les Surveillant
   lors que vous fûte fais Maçon.
2. pourquoy
3. a quoy bon le jours.
4. La nuit.
5. dou vient le vent
6. ou vat—il.
7. quel age aver vous
8. quel heur es t'il
9. Mes freres La Loye es t fermé

# VI. Molsdorf anno 1741 —
# Archivalien- und Literaturverzeichnis

**Archivalien des Geheimen Staatsarchivs Preußischer Kulturbesitz (GStA PK) Berlin:**

a) Bestand Freimaurer, Große National-Mutterloge Zu den drei Weltkugeln

FM 5.1.4. Nr. 1299 (Protokoll Molsdorf vom 14. September 1741)
FM 5.1.4. Nr. 6480 (Protokoll Molsdorf vom 16. September 1741)
FM 5.1.4. Nr. 6481 (Protokoll Molsdorf vom 15. September 1741)
FM 5.1.4. Nr. 8057 (Protokollbuch Loge Aux Trois Globes, 1740-1745)

b) Bestand Freimaurer, Gotha, Loge „Ernst zum Compaß"

FM 5.2. G 39 Nr. 98


**Französisch-Reformierte Kirche Friedrichstadt zu Berlin**

Kirchenbuch, Register der Getauften, 1712–1720.
Kirchenbuch, Register der Eheschließungen, 1707–1747.
Kirchenbuch, Register der Verstorbenen, 1763–1793


## Literatur

Anonym, *Verzeichniss arbeitender und eingegangener Freimaurer-Logen nach den Jahren ihrer Stiftungen von 1737 bis 1827*, Bremen 1829.

Rolf Appel, *1737–1987. Ein Vierteljahrtausend Freimaurer in Hamburg. Aus dem Leben und Wirken der ältesten deutschen Loge. Festschrift im Auftrag der Loge „Absalom zu den drei Nesseln" in Hamburg*, Barsbüttel 1987.

Friedrich Benninghoven, Helmut Börsch-Supan, Iselin Gundermann, *Friedrich der Große, Ausstellung des Geheimen Staatsarchivs Preußischer Kulturbesitz anläßlich des 200. Todestages König Friedrichs II. von Preußen*, Berlin 1986.

Bundesdirektorium (Hg.), *Geschichte der Großen National-Mutterloge in den Preußischen Staaten genannt zu den drei Weltkugeln*, Berlin [6]1903.

Rudolph Dahms, *Die Anfänge der Schottenmaurerei in Berlin, in: Altschottisches Direktorium der Großen National-Mutterloge Zu den drei Weltkugeln (Hg.)*, Altschottische Hefte, Band 1, Heft 1, Berlin 1906, S. 1 ff.

John Dickie, *Die Freimaurer. Der mächtigste Geheimbund der Welt*, Berlin [5]2020.

Edmund Gustav Dietrich, *Geschichte der unabhängigen Loge Archimedes zu den drei Reissbrettern in Altenburg vom 31. Januar 1742 bis zum 30. Januar 1901*, Altenburg 1901.

Karlheinz Gerlach, *Die Freimaurer im Alten Preußen 1738–1806. Die Logen in Berlin. Teil 1*, Innsbruck, Wien, Bozen 2014.

Große National-Mutterloge Zu den drei Weltkugeln, Pantelis Carelos, Klaus Röder (Hg.), *275 Jahre Große National-Mutterloge „Zu den drei Weltkugeln" 1740–2015, Festschrift*, Berlin 2015.

Große National-Mutterloge Zu den drei Weltkugeln, Werner Schwartz (Hg.), *Friedrich der Große und sein Verhältnis zur Freimaurerei, Versuch einer Deutung*, Berlin o. J.

Ernst Harmening, *Abriss der Geschichte der ersten zwei Logen im Or[ient]. Jena*, in: Die Bauhütte. Organ für die Gesammt-Interessen der Freimaurerei, XXIV. Jahrgang, Nr. 48, Leipzig, den 26. November 1881.

Eugen Lennhoff, Oskar Posner, Dieter A. Binder, *Internationales Freimaurer Lexikon*, München 2003.

Friedrich Adolf Peuckert, *Die ger[echte]. und vollk[ommene] St. Johannisloge zu den drei Schwertern und Asträa zur grünenden Raute im Orient Dresden 1738–1882: Ein Beitrag zur Geschichte der Freimaurerei in Dresden und Sachsen. Nach archivalischen Quellen bearbeitet*, Leipzig 1883.

Ferdinand Runkel, *Geschichte der Freimaurerei in Deutschland*, Erster Band, Berlin 1931.

Bastian Salier, *Freimaurer in Hildburghausen. Die Geschichte der Loge Karl zum Rautenkranz*, Leipzig und Hildburghausen 2015.

Stefan Sarrach, *Martin Gottlob von Seulen (1730–1772) und die Einführung der Freimaurerei in Siebenbürgen*, in: Cătălin Popescu, Constantin Diţă, Gheorghe Bichicean (Hg.), *Trei Coloane, 10 ani, 6011–6021*, Rumänien, Braşov 2021.

Friedrich Ludwig Schröder, *Verzeichnis aller von London abstammenden seit dem 6. Decemb[er]. 1737 auf- und angenommenen Frey=Maurer in Hamburg*, Staatsarchiv Hamburg, Bestand 614-1/72, Signatur 5.2. H 44 Nr. 140.

Carl Wiebe, *Die Große Loge von Hamburg und ihre Vorläufer*, Hamburg 1905.

9 783758 350788